일단 써보자!

일본어 명사 な형용사

기초 활용

연습장

다나카 미유키·다락원 출판부 공저

다락원

여는 말

외국어를 열심히 공부하다 보면 누구나 크고 작은 벽을 하나둘씩 만나곤 합니다. 일본어를 학습할 때 부딪치게 되는 벽에는 어떤 것들이 있을까요? 첫 번째 마주치는 문자(히라가나와 가타카나)라는 큰 벽을 넘고 났더니 단어가 끊임없이 쏟아지는 명사, 형용사면 형용사지 왜 둘로 나뉘는지 모르겠는 な형용사와 い형용사로 이루어진 작은 벽들.

명사도 형용사도 익혀야 할 어휘는 왜 이렇게 많고, 활용법은 왜 이렇게 복잡한지 자꾸 헷갈립니다. 활용 공식을 열심히 외웠다 한들 필요할 때 자신이 써야할 명사나 형용사에 응용된 채로 바로바로 튀어나오지 않습니다.

『일단 써보자! 일본어 명사 형용사 기초 활용 연습장』은 반복적으로 직접 활용하고 문장을 따라 써 봄으로써, 일본어를 배울 때 반드시 알아두어야 하는 기초 명사와 な형용사, い형용사를 확실하게 암기하는 동시에 각 기초 활용법을 자연스럽게 자신의 것으로 만들 수 있게 도와주는 교재입니다.

학습 부담을 덜기 위하여 쉬우면서도 명료한 문장을 엄선하였고, 언제든 직접 사용할 수 있게 실용적인 단어와 표현들로 채웠습니다.

외국어 학습은 건축과 동일합니다. 불필요한 벽은 무너뜨리고 토대는 튼튼하게 다져야 실력을 견고하게 쌓을 수 있습니다. 일본어 실력의 기반이 되어줄 명사 및 형용사 기초 활용법과 어휘들을 이 책과 함께 완벽하게 숙지하여 본능적으로 튀어나올 수 있게 만든다면, 앞으로의 일본어 학습이 좀 더 재미있고 편안하게 다가올 것입니다.

다락원 출판부

이 책의 구성과 학습법

일본어 명사 알아보기

· 일본어 명사 기초 활용법

명사 기초 활용법인 です・でした・だった・じゃありません・じゃあ
りませんでした・じゃない・じゃなかった를 학습합니다.
접속 방법과 의미를 확인한 후, 제시된 명사로 직접 활용하면서 문장을
만들어 보는 연습을 합니다.

❶ 학습하는 날짜를 적습니다. 하루에 한 장씩 천천히 공부해도 좋고,
빠른 진도를 위하여 한 번에 여러 장씩 학습해도 좋습니다. 매일매
일 꾸준히 할 수 있는 목표를 세워 보세요.

❷ 오늘 배울 명사 활용법을 확인합니다.

❸ 제시된 명사를 학습한 대로 활용하여 문장을 완성합니다.

❹ 문장에 나온 단어를 정리했습니다. 명사와 활용법을 익히고 난 뒤
단어도 함께 외워둡니다. 단어를 다 익히고 나면 완성한 문장이 어
떤 의미일지 생각해 봅시다. 단어의 한자 표기는 부록 '단어 인덱
스(p.178)'에서 확인할 수 있습니다.

※ 본서에서는 JLPT N5 수준의 어휘 약 750개를 학습할 수 있습니다.

❺ 트랙 번호입니다. 음성을 들으면서 정확한 발음으로 익힐 수 있게
다락원 홈페이지에서 MP3 파일을 제공합니다.

❻ 앞에서 연습한 명사 활용이 맞는지 확인해 봅시다.
문장 전체의 의미도 함께 확인합니다.

❼ 문장을 쓰는 연습을 하기 전에 세 번씩 소리내어 읽어 봅시다.

❽ 제시된 문장의 의미를 생각하면서 한 번씩 따라 써 봅시다.

❾ 부가 설명이 필요한 부분에는 TIP을 달아 놓았습니다.

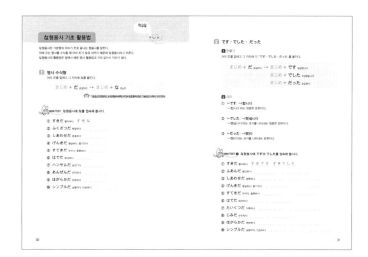

일본어 형용사
알아보기

· 일본어 형용사
일본어 형용사(な형용사와 い형용사)의 특징에 대해 알아 봅니다.

· 일본어 형용사 기초 활용법

▶ な형용사의 기초 활용법인 명사 수식형·です·でした·だった·じゃありません·じゃありませんでした·じゃない·
  じゃなかった·で·に를 학습합니다. 접속 방법과 의미를 확인하고, 미니 테스트를 통해 제대로 이해했는지 확인해 볼
  수 있습니다.

▶ い형용사의 기초 활용법인 명사 수식형·です·かった·かったです·くありません·くありませんでした·くない·
  くなかった·くて·く를 학습합니다. 접속 방법과 의미를 확인하고, 미니 테스트를 통해 제대로 이해했는지 확인해 볼
  수 있습니다.

일본어 형용사 활용 연습하기

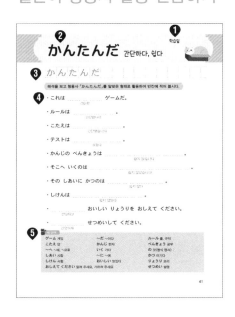

❶ 학습하는 날짜를 적습니다.

❷ 오늘의 형용사와 의미를 확인합니다. 발음부터 쉽게 익힐
  수 있게 여기에서는 히라가나로 제시했습니다.
  ※ 본서에서는 JLPT(일본어능력시험) N5 수준의 な형용사
  22개와 い형용사 42개를 학습합니다.

❸ 제시된 형용사를 여러 번 써 보면서, 글자와 의미를 확실
  하게 머릿속에 저장합니다.

❹ 해석을 보고 형용사를 알맞은 형태로 활용하여 문장을
  완성합니다.
  ※ 앞에서 학습한 형용사 기초 활용법 열 가지를 연습하지만,
  형용사에 따라 해당 활용형이 잘 쓰이지 않는 경우는 연습
  을 생략합니다.

❺ 문장에 나온 단어를 정리했습니다. 본서에서 자세히 다루
  지 않는 동사는 활용형 그대로 암기할 수 있게 정리하였습
  니다.

⑥ 형용사는 한자로도 많이 쓰입니다.
한자가 있는 형용사는 한자로도 익혀 둡시다.

⑦ 트랙 번호입니다. 음성을 들으면서 정확한 발음으로 익힐 수 있게 다락원 홈페이지에서 MP3 파일을 제공합니다.

⑧ 앞에서 연습한 형용사 활용이 맞는지 확인해 봅시다.
문장 전체의 의미도 함께 확인합니다.

⑨ 문장을 쓰는 연습을 하기 전에 세 번씩 소리내어 읽어 봅시다.

⑩ 제시된 문장의 의미를 생각하면서 한 번씩 따라 써 봅시다.

⑪ 부가 설명이 필요한 부분에는 TIP을 달아 놓았습니다.

학습 도우미 온라인 무료 다운로드

· 음성(MP3) / 한자 어휘 연습장(PDF)

스마트폰 스마트폰으로 QR코드를 스캔하면 다락원 홈페이지의 본서 페이지로 바로 이동합니다.
　•'MP3 듣기' 버튼을 클릭합니다. 스마트폰으로 접속하면 회원 가입과 로그인 절차 없이 바로 MP3 파일을 듣거나 다운로드 받을 수 있습니다.
　•'자료실' 버튼을 클릭합니다. 스마트폰으로 접속하면 회원 가입과 로그인 절차 없이 바로 '한자 어휘 연습장.PDF' 파일을 보거나 다운로드 받을 수 있습니다.
　MP3 파일은 콜롬북스 어플리케이션에서도 무료로 이용할 수 있습니다.

PC 다락원 홈페이지(www.darakwon.co.kr)에 접속하여 상단 검색창에 『일본어 명사 형용사 기초 활용 연습장』을 검색하면 자료실에서 MP3 파일과 PDF 파일을 다운로드 받을 수 있습니다. 간단한 회원 가입 절차가 필요합니다.

	일본어 명사형용사 기초활용 연습장
あした 明日 내일	明日
あね 姉 언니, 누나	姉
あめ 雨 비	雨
かいしゃいん 会社員 회사원	会社員
かんこくじん 韓国人 한국인	韓国人
げつようび 月曜日 월요일	月曜日
さとう 砂糖 설탕	砂糖

2

목차

일본어 い형용사 알아보기

い형용사 기초 활용법

히라가나 & 가타카나

히라가나

	あ행	か행	が행	さ행	ざ행	た행	だ행
あ단	あ a	か ka	が ga	さ sa	ざ za	た ta	だ da
い단	い i	き ki	ぎ gi	し shi	じ ji	ち chi	ぢ ji
う단	う u	く ku	ぐ gu	す su	ず ju	つ tsu	づ ju
え단	え e	け ke	げ ge	せ se	ぜ ze	て te	で de
お단	お o	こ ko	ご go	そ so	ぞ zo	と to	ど do

가타카나

	ア행	カ행	ガ행	サ행	ザ행	タ행	ダ행
ア단	ア a	カ ka	ガ ga	サ sa	ザ za	タ ta	ダ da
イ단	イ i	キ ki	ギ gi	シ shi	ジ ji	チ chi	ヂ ji
ウ단	ウ u	ク ku	グ gu	ス su	ズ ju	ツ tsu	ヅ ju
エ단	エ e	ケ ke	ゲ ge	セ se	ゼ ze	テ te	デ de
オ단	オ o	コ ko	ゴ go	ソ so	ゾ zo	ト to	ド do

な행	は행	ば행	ぱ행	ま행	や행	ら행	わ행	
な na	は ha	ば ba	ぱ pa	ま ma	や ya	ら ra	わ wa	ん n
に ni	ひ hi	び bi	ぴ pi	み mi		り ri		
ぬ nu	ふ fu	ぶ bu	ぷ pu	む mu	ゆ yu	る ru		
ね ne	へ he	べ be	ぺ pe	め me		れ re		
の no	ほ ho	ぼ bo	ぽ po	も mo	よ yo	ろ ro	を o	

ナ행	ハ행	バ행	パ행	マ행	ヤ행	ラ행	ワ행	
ナ na	ハ ha	バ ba	パ pa	マ ma	ヤ ya	ラ ra	ワ wa	ン n
ニ ni	ヒ hi	ビ bi	ピ pi	ミ mi		リ ri		
ヌ nu	フ fu	ブ bu	プ pu	ム mu	ユ yu	ル ru		
ネ ne	ヘ he	ベ be	ペ pe	メ me		レ re		
ノ no	ホ ho	ボ bo	ポ po	モ mo	ヨ yo	ロ ro	ヲ o	

PART 1

일본어 명사
알아보기

です ~입니다

명사는 사람이나 사물의 이름을 나타내는 단어이다.
명사에 です를 붙이면 '~입니다'라는 정중한 표현이 된다.

がくせい 학생 → がくせい + です 학생입니다

해석을 보고 제시된 명사에 です를 접속해 봅시다.

かんこくじん
한국인

わたしは _____ 。
　　　　　　　한국인입니다

かいしゃいん
회사원

あねは _____ 。
　　　　　　회사원입니다

さとう
설탕

これは _____ 。
　　　　　설탕입니다

あちら
저쪽

トイレは _____ 。
　　　　　저쪽입니다

げつようび
월요일

めんせつは _____ 。
　　　　　　월요일입니다

あめ
비

あしたも _____ 。
　　　　비입니다

새 단어

わたし 나, 저	~は ~은/는	あね 언니, 누나
これ 이것	トイレ 화장실	めんせつ 면접
あした 내일	~も ~도	

15

です ~입니다

또박또박 세 번씩 읽고 예쁘게 따라 써 봅시다.

・わたしは かんこくじんです。
나는 한국인입니다.

_____。

・あねは かいしゃいんです。
언니는 회사원입니다.

_____。

・これは さとうです。
이것은 설탕입니다.

> **TIP** これ(이것)와 함께
> それ(그것), あれ(저것), どれ(어느 것)도 알아 둡시다.

_____。

・トイレは あちらです。
화장실은 저쪽입니다.

> **TIP** あちら(저쪽)와 함께
> こちら(이쪽), そちら(그쪽), どちら(어느 쪽)도 알아 둡시다.

_____。

・めんせつは げつようびです。
면접은 월요일입니다.

_____。

・あしたも あめです。
내일도 비입니다(비가 옵니다).

_____。

> **TIP** 날씨를 나타내는 명사 あめ(비)나 ゆき(눈)에 です나 でした 등을 붙이면
> 따로 동사가 없어도 '내린다'라는 의미로 해석하는 것이 자연스럽습니다.

でした ~이었습니다

명사에 でした를 붙이면 '~이었습니다'라는 정중한 과거 표현이 된다.

がくせい 학생 → がくせい + でした 학생이었습니다

해석을 보고 제시된 명사에 でした를 접속해 봅시다.

べんごし
변호사

ははは ＿＿＿＿＿＿＿＿＿＿。
변호사였습니다

しごと
일, 직업

どようびも ＿＿＿＿＿＿＿＿＿。
일이었습니다

ゆき
눈

きのうも ＿＿＿＿＿＿＿＿。
눈이었습니다

うどん
우동

おひるは ＿＿＿＿＿＿＿＿。
우동이었습니다

じゅぎょう
수업

じゅうじから にじまで ＿＿＿＿＿＿＿＿＿。
수업이었습니다

かようび
화요일

テストは せんしゅうの ＿＿＿＿＿＿＿＿。
화요일이었습니다

새 단어

はは 엄마	どようび 토요일	きのう 어제
じゅうじ 열 시	～から ～부터	にじ 두 시
～まで ～까지	おひる 점심	テスト 테스트, 시험
せんしゅう 지난주	～の ～의	

でした ~이었습니다

또박또박 세 번씩 읽고 예쁘게 따라 써 봅시다.

・ははは べんごしでした。
엄마는 변호사였습니다.

_____。

・どようびも しごとでした。
토요일도 일이었습니다.

_____。

・きのうも ゆきでした。
어제도 눈이 내렸습니다.

_____。

・おひるは うどんでした。
점심은 우동이었습니다.

_____。

・じゅうじから にじまで じゅぎょうでした。
열 시부터 두 시까지 수업이었습니다.

_____。

・テストは せんしゅうの かようびでした。
테스트는 지난주 화요일이었습니다.

_____。

TIP 명사와 명사를 연결할 때는 그 사이에 조사 の(~의)를 넣어 줍니다. 우리말로는 해석하지 않는 경우도 많습니다.

だった ~이었다

명사에 だった를 붙이면 '~이었다'라는 과거 표현이 된다.

がくせい 학생 → がくせい + だった 학생이었다

해석을 보고 제시된 명사에 だった를 접속해 봅시다.

アルバイト
아르바이트

にちようびは ＿＿＿＿＿＿＿＿＿＿。
　　　　　　　　　　아르바이트였다

うみ
바다

むかし、ここは ＿＿＿＿＿＿。
　　　　　　　　　　바다였다

はれ
맑음

きょうも ＿＿＿＿＿＿。
　　　　　맑음이었다

たんじょうび
생일

すいようびは　ちちの ＿＿＿＿＿＿＿＿＿。
　　　　　　　　　　　　생일이었다

はいゆう
배우

かれは　ゆうめいな ＿＿＿＿＿＿＿。
　　　　　　　　　　　배우였다

なつやすみ
여름휴가, 여름 방학

きのうまで ＿＿＿＿＿＿＿＿。
　　　　　　여름휴가였다

새 단어

にちようび 일요일	むかし 옛날	ここ 이곳, 여기
きょう 오늘	すいようび 수요일	ちち 아빠
かれ 그, 남자친구	ゆうめいな 유명한	はいゆう 배우

だった ~이었다

또박또박 세 번씩 읽고 예쁘게 따라 써 봅시다.

・にちようびは アルバイトだった。
일요일은 아르바이트였다.

_____。

・むかし、ここは うみだった。
옛날에 이곳은 바다였다.

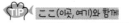
ここ(이곳, 여기)와 함께
そこ(그곳, 거기), あそこ(저곳, 저기), どこ(어디)도 알아 둡시다.

_____。

・きょうも はれだった。
오늘도 맑았다.

_____。

・すいようびは ちちの たんじょうびだった。
수요일은 아빠 생일이었다.

_____。

・かれは ゆうめいな はいゆうだった。
그는 유명한 배우였다.

_____。

・きのうまで なつやすみだった。
어제까지 여름휴가였다.

_____。

じゃありません ~이/가 아닙니다

명사에 じゃありません을 붙이면 '~이/가 아닙니다'라는 정중한 부정 표현이 된다.
じゃ는 では의 축약형인데, 「~ではありません」이라고 하면 좀 더 딱딱한 표현이 된다.
바꿔쓸 수 있는 표현인 「~じゃ(では)ないです」도 함께 알아두자. じゃ(では)에 ありません 대신
ないです를 붙인다.

がくせい 학생 → がくせい + じゃありません 학생이 아닙니다

해석을 보고 제시된 명사에 じゃありません을 접속해 봅시다.

| きょうし
교사, 선생 | わたしは _____。
교사가 아닙니다 |

| おさけ
술 | これは _____。
술이 아닙니다 |

| しお
소금 | それは _____。
소금이 아닙니다 |

| にほんじん
일본인 | ユリさんは _____。
일본인이 아닙니다 |

| かいぎしつ
회의실 | そこは _____。
회의실이 아닙니다 |

| はんにん
범인 | すずきさんは _____。
범인이 아닙니다 |

 새 단어

| それ 그것 | ~さん ~씨, ~님 | そこ 그곳, 거기 |

じゃありません ~이/가 아닙니다

또박또박 세 번씩 읽고 예쁘게 따라 써 봅시다.

- **わたしは** きょうしじゃありません。
  나는 교사가 아닙니다.

  _____ 。

- **これは** おさけじゃありません。
  이것은 술이 아닙니다.

  _____ 。

- **それは** しおじゃありません。
  그것은 소금이 아닙니다.

  _____ 。

> **TIP** これ(이것), それ(그것)와 함께
> あれ(저것), どれ(어느 것)도 알아 둡시다.

- **ユリさんは** にほんじんじゃありません。
  유리 씨는 일본인이 아닙니다.

  _____ 。

- **そこは** かいぎしつじゃありません。
  거기는 회의실이 아닙니다.

  _____ 。

- **すずきさんは** はんにんじゃありません。
  스즈키 씨는 범인이 아닙니다.

  _____ 。

じゃありませんでした
~이/가 아니었습니다

명사에 じゃありませんでした를 붙이면 '~(이)지 않았습니다'라는 정중한 과거 부정 표현이 된다.
じゃ는 では의 축약형인데, 「~ではありませんでした」이라고 하면 좀 더 딱딱한 표현이 된다.
바꿔쓸 수 있는 표현인 「~じゃ(では)なかったです」도 함께 알아두자. じゃ(では)에 ありませんでした 대신 なかったです를 붙인다.

がくせい 학생 → がくせい + じゃありませんでした 학생이 아니었습니다

해석을 보고 제시된 명사에 じゃありませんでした를 접속해 봅시다.

こうえん 공원	むかし、ここは _____。 공원이 아니었습니다
かぜ 감기	おとうとは _____。 감기가 아니었습니다
せんげつ 지난달	コンサートは _____。 지난달이 아니었습니다
だいがくせい 대학생	きょねんは _____。 대학생이 아니었습니다
やすみ 쉬는 날, 휴가	おとといは _____。 쉬는 날이 아니었습니다
かさ 우산	それは わたしの _____。 우산이 아니었습니다

새 단어

おとうと 남동생　　　　コンサート 콘서트　　　きょねん 작년
おととい 그저께

じゃありませんでした ~이/가 아니었습니다

또박또박 세 번씩 읽고 예쁘게 따라 써 봅시다.

- むかし、ここは こうえんじゃありませんでした。
  옛날에 이곳은 공원이 아니었습니다.

  _____。

- おとうとは かぜじゃありませんでした。
  남동생은 감기가 아니었습니다.

  _____。

- コンサートは せんげつじゃありませんでした。
  콘서트는 지난달이 아니었습니다.

  _____。

- きょねんは だいがくせいじゃありませんでした。
  작년에는 대학생이 아니었습니다.

  TIP 시간, 때 등을 나타내는 명사 뒤에 붙는 조사 は(~은/는)는 경우에 따라 '~에는'이라고 해석되기도 합니다.

  _____。

- おとといは やすみじゃありませんでした。
  그저께는 쉬는 날이 아니었습니다.

  _____。

- それは わたしの かさじゃありませんでした。
  그것은 내 우산이 아니었습니다.

  _____。

24

じゃない ~이/가 아니다

명사에 じゃない를 붙이면 '~이/가 아니다'라는 부정 표현이 된다.
じゃ는 では의 축약형인데, 「~ではない」라고 하면 좀 더 딱딱한 표현이 된다.

がくせい 학생 → がくせい + じゃない 학생이 아니다

해석을 보고 제시된 명사에 じゃない를 접속해 봅시다.

| **パイロット** 파일럿 | あには ＿＿＿＿＿＿＿＿。
파일럿이 아니다 |

| **みず** 물 | それは ＿＿＿＿＿。
물이 아니다 |

| **プレゼント** 선물 | これは ＿＿＿＿＿。
선물이 아니다 |

| **かばん** 가방 | あれは たかぎさんの ＿＿＿＿＿。
가방이 아니다 |

| **いもうと** 여동생 | かのじょは わたしの ＿＿＿＿＿。
여동생이 아니다 |

| **おかあさん** 어머니 | かのじょは みなみさんの ＿＿＿＿＿
＿＿。 어머니가 아니다 |

 새 단어

| あに 오빠, 형 | あれ 저것 | かのじょ 그녀, 여자친구 |

じゃない ~이/가 아니다

1 2 3 ・あには パイロットじゃない。
오빠는 파일럿이 아니다.

_____。

1 2 3 ・それは みずじゃない。
그것은 물이 아니다.

_____。

1 2 3 ・これは プレゼントじゃない。
이것은 선물이 아니다.

_____。

1 2 3 ・あれは たかぎさんの かばんじゃない。
저것은 다카기 씨의 가방이 아니다.

_____。

1 2 3 ・かのじょは わたしの いもうとじゃない。
그녀는 내 여동생이 아니다.

_____。

1 2 3 ・かのじょは みなみさんの おかあさんじゃない。
그녀는 미나미 씨의 어머니가 아니다.

_____。

じゃなかった ~이/가 아니었다

명사에 じゃなかった를 붙이면 '~이/가 아니었다'라는 과거 부정 표현이 된다.
じゃ는 では의 축약형인데, 「~ではなかった」라고 하면 좀 더 딱딱한 표현이 된다.

がくせい 학생 → がくせい ＋ じゃなかった 학생이 아니었다

해석을 보고 제시된 명사에 じゃなかった를 접속해 봅시다.

ゆめ 꿈	それは ＿＿＿＿＿＿＿＿＿＿＿。 꿈이 아니었다
セール 세일	もくようびは ＿＿＿＿＿＿＿＿＿＿＿。 세일이 아니었다
じょうだん 농담	これは ＿＿＿＿＿＿＿＿＿＿＿。 농담이 아니었다
デパート 백화점	あの ビルは ＿＿＿＿＿＿＿＿＿＿＿。 백화점이 아니었다
じこ 사고	その じけんは ＿＿＿＿＿＿＿＿＿＿＿。 사고가 아니었다
おとうさん 아버지	かれは はやしさんの ＿＿＿＿＿＿＿＿＿＿＿ ＿＿＿＿。 아버지가 아니었다

새 단어

もくようび 목요일　　　　あの 저　　　　ビル 빌딩
その 그　　　　じけん 사건

27

じゃなかった ~이/가 아니었다

또박또박 세 번씩 읽고 예쁘게 따라 써 봅시다.

1
2
3
・それは　ゆめじゃなかった。
그것은 꿈이 아니었다.

_____。

1
2
3
・もくようびは　セールじゃなかった。
목요일은 세일이 아니었다.

_____。

1
2
3
・これは　じょうだんじゃなかった。
이것은 농담이 아니었다.

_____。

1
2
3
・あの　ビルは　デパートじゃなかった。
저 빌딩은 백화점이 아니었다.

_____。

1
2
3
・その　じけんは　じこじゃなかった。
그 사건은 사고가 아니었다.

_____。

1
2
3
・かれは　はやしさんの　おとうさんじゃなかった。
그는 하야시 씨의 아버지가 아니었다.

_____。

PART 2

일본어 な형용사 알아보기

な형용사 기초 활용법

な형용사란 기본형의 어미가 だ로 끝나는 형용사를 말한다.
뒤에 오는 명사를 수식할 때 어미 だ가 な로 바뀌기 때문에 な형용사라고 부른다.
な형용사의 활용법은 앞에서 배운 명사 활용법과 거의 같아서 익히기 쉽다.

1 명사 수식형

어미 だ를 없애고 그 자리에 な를 붙인다.

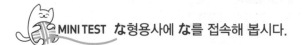

まじめ ＋ だ 성실하다 → まじめ ＋ な 성실한

> TIP 「おなじだ(같다)」는 な형용사이지만, 어간에 な를 붙이지 않고 「おなじ＋명사」라고 한다.

MINI TEST な형용사에 な를 접속해 봅시다.

① すきだ 좋아하다 <u>すき な</u>

② ふくざつだ 복잡하다 _____

③ しあわせだ 행복하다 _____

④ げんきだ 활달하다, 활기차다 _____

⑤ すてきだ 멋지다, 훌륭하다 _____

⑥ はでだ 화려하다 _____

⑦ ハンサムだ 잘생기다 _____

⑧ あんぜんだ 안전하다 _____

⑨ ほがらかだ 명랑하다 _____

⑩ シンプルだ 심플하다, 단순하다 _____

2 です・でした・だった

1 만들기

어미 だ를 없애고 그 자리에 각 「です・でした・だった」를 붙인다.

まじめ + だ 성실하다 → まじめ + です 성실합니다
　　　　　　　　　　　　まじめ + でした 성실했습니다
　　　　　　　　　　　　まじめ + だった 성실했다

2 의미

① 〜です: 〜(합)니다
　'〜(합)니다'라는 정중한 표현이다.

② 〜でした: 〜(했)습니다
　'〜(했)습니다'라는 과거를 나타내는 정중한 표현이다.

③ 〜だった: 〜(했)다
　'〜(했)다'라는 과거를 나타내는 표현이다.

MINI TEST ❶ な형용사에 です와 でした를 접속해 봅시다.

① すきだ 좋아하다　すきです　すきでした

② ふあんだ 불안하다　＿＿＿＿＿＿＿＿＿＿＿＿＿＿＿

③ しあわせだ 행복하다　＿＿＿＿＿＿＿＿＿＿＿＿＿＿

④ げんきだ 활달하다, 활기차다　＿＿＿＿＿＿＿＿＿＿

⑤ すてきだ 멋지다, 훌륭하다　＿＿＿＿＿＿＿＿＿＿＿

⑥ はでだ 화려하다　＿＿＿＿＿＿＿＿＿＿＿＿＿＿＿

⑦ たいくつだ 지루하다　＿＿＿＿＿＿＿＿＿＿＿＿＿

⑧ じみだ 수수하다　＿＿＿＿＿＿＿＿＿＿＿＿＿＿＿

⑨ ほがらかだ 명랑하다　＿＿＿＿＿＿＿＿＿＿＿＿

⑩ シンプルだ 심플하다, 단순하다　＿＿＿＿＿＿＿＿＿

① **すきだ** 좋아하다　す き だ っ た

② **とくいだ** 잘하다, 자신 있다　_____

③ **にがてだ** 못하다, 자신 없다　_____

④ **あんぜんだ** 안전하다　_____

⑤ **すてきだ** 멋지다, 훌륭하다　_____

⑥ **だめだ** 안된다　_____

⑦ **ハンサムだ** 잘생기다　_____

⑧ **おしゃれだ** 멋지다, 세련되다　_____

⑨ **シンプルだ** 심플하다, 단순하다　_____

⑩ **スマートだ** 스마트하다, 똑똑하다　_____

3　じゃありません・じゃありませんでした

1 만들기

어미 だ를 없애고 그 자리에 각 「じゃありません・じゃありませんでした」를 붙인다.

> まじめ ＋ だ 성실하다 → まじめ ＋ じゃありません 성실하지 않습니다
>
> まじめ ＋ じゃありませんでした
> 성실하지 않았습니다

2 의미

① **～じゃありません: ～(하)지 않습니다**

'～(하)지 않습니다'라는 부정을 나타내는 정중한 표현이다.

じゃ는 では의 축약형으로, 「～ではありません」이라고 하면 좀 더 딱딱한 표현이 된다.

바꿔쓸 수 있는 표현인 「～じゃ(では)ないです」도 함께 알아두자. じゃ(では)에 ありません 대신 ないです를 붙인다.

② **～じゃありませんでした: ～(하)지 않았습니다**

'～(하)지 않았습니다'라는 과거의 부정을 나타내는 정중한 표현이다.
じゃ는 では의 축약형으로, 「～ではありませんでした」라고 하면 좀 더 딱딱한 표현이 된다.
바꿔쓸 수 있는 표현인 「～じゃ(では)なかったです」도 함께 알아두자. じゃ(では)에 ありま
せんでした 대신 なかったです를 붙인다.

MINI TEST ❶ **な형용사에 じゃありません을 접속해 봅시다.**

① すきだ 좋아하다　す き じゃ あ り ま せん

② ふあんだ 불안하다 _____

③ シンプルだ 심플하다, 단순하다 _____

④ じみだ 수수하다 _____

⑤ すてきだ 멋지다, 훌륭하다 _____

⑥ はでだ 화려하다 _____

⑦ たいくつだ 지루하다 _____

⑧ げんきだ 활달하다, 활기차다 _____

⑨ ふくざつだ 복잡하다 _____

⑩ しあわせだ 행복하다 _____

MINI TEST ❷ **な형용사에 じゃありませんでした를 접속해 봅시다.**

① すきだ 좋아하다　す き じゃ あ り ま せん で した

② とくいだ 잘하다, 자신 있다 _____

③ にがてだ 못하다, 자신 없다 _____

④ あんぜんだ 안전하다 _____

⑤ すてきだ 멋지다, 훌륭하다 _____

⑥ げんきだ 활기차다, 활달하다 _____

⑦ たいくつだ 지루하다 _____

⑧ はでだ 화려하다 ＿＿＿＿＿＿＿＿

⑨ ハンサムだ 잘생기다 ＿＿＿＿＿＿＿＿

⑩ おしゃれだ 멋지다, 세련되다 ＿＿＿＿＿＿＿＿

4 じゃない・じゃなかった

1 만들기

어미 だ를 없애고 그 자리에 각 「じゃない・じゃなかった」를 붙인다.

> まじめ ＋ だ 성실하다 → まじめ ＋ じゃない 성실하지 않다
>
> まじめ ＋ じゃなかった 성실하지 않았다

2 의미

① **～じゃない: ～(하)지 않다**

'～(하)지 않다'라는 부정을 나타내는 표현이다.
じゃ는 では의 축약형으로, 「～ではない」라고 하면 좀 더 딱딱한 표현이 된다.

② **～じゃなかった: ～(하)지 않았다**

'～(하)지 않았다'라는 과거의 부정을 나타내는 표현이다.
じゃ는 では의 축약형으로, 「～ではなかった」라고 하면 좀 더 딱딱한 표현이 된다.

MINI TEST な형용사에 じゃない와 じゃなかった를 접속해 봅시다.

① すきだ 좋아하다 　すきじゃない　すきじゃなかった

② はでだ 화려하다 ＿＿＿＿＿＿＿＿

③ しあわせだ 행복하다 ＿＿＿＿＿＿＿＿

＿＿＿＿＿＿＿＿

④ げんきだ 활달하다, 활기차다 ＿＿＿＿＿＿＿＿

＿＿＿＿＿＿＿＿

34

⑤ あんぜんだ 안전하다 ....

....

⑥ ふあんだ 불안하다 ....

⑦ たいくつだ 지루하다 ....

....

⑧ ハンサムだ 잘생기다 ....

⑨ すてきだ 멋지다, 훌륭하다 ....

....

⑩ じみだ 수수하다 ....

5 で・に

1 만들기

어미 だ를 없애고 그 자리에 각 「で・に」를 붙인다.

> まじめ ＋ だ 성실하다 → まじめ ＋ で 성실하고, 성실해서
>
> まじめ ＋ に 성실하게

2 의미

① ～で: ～(하)고, ～(해)서

'～(하)고, ～(해)서'라는 의미이며, 문장의 중지, 열거, 원인 등을 나타낸다.

② ～に: ～(하)게

'～(하)게'라는 의미가 되어 동사나 형용사를 수식한다.

3 응용

① ～に なる: ～(해)지다

～に なります: ～(해)집니다

～に なりました: ～(해)졌습니다

'되다'라는 의미의 동사 なる 앞에 부사형으로 쓰여 변화를 나타낼 때 많이 쓴다.

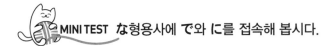

MINI TEST な형용사에 で와 に를 접속해 봅시다.

① すきだ 좋아다 　すきで　すきに

② ふくざつだ 복잡하다, 어렵다 ＿＿＿＿＿＿＿＿　＿＿＿＿＿＿＿

③ しあわせだ 행복하다 ＿＿＿＿＿＿＿＿　＿＿＿＿＿＿＿

④ げんきだ 활달하다, 활기차다 ＿＿＿＿＿＿＿　＿＿＿＿＿＿

⑤ ふあんだ 불안하다 ＿＿＿＿＿＿＿＿　＿＿＿＿＿＿＿

⑥ たいくつだ 지루하다 ＿＿＿＿＿＿＿＿　＿＿＿＿＿＿＿

⑦ あんぜんだ 안전하다 ＿＿＿＿＿＿＿＿　＿＿＿＿＿＿＿

⑧ シンプルだ 심플하다, 단순하다 ＿＿＿＿＿＿＿　＿＿＿＿＿＿

⑨ すてきだ 멋지다, 훌륭하다 ＿＿＿＿＿＿＿＿　＿＿＿＿＿＿＿

⑩ ハンサムだ 잘생기다 ＿＿＿＿＿＿＿＿　＿＿＿＿＿＿＿

いやだ 싫다

학습일 /

い	や	だ										

해석을 보고 형용사 「いやだ」를 알맞은 형태로 활용하여 빈칸에 적어 봅시다.

· ＿＿＿＿＿ よかんが します。
　　　싫은

· ぜったいに ＿＿＿＿＿。
　　　　　　　싫습니다

· なんとなく ＿＿＿＿＿。
　　　　　　　싫었습니다

· しゅくだいは ＿＿＿＿＿。
　　　　　　　싫었다

· かいしゃは ＿＿＿＿＿。
　　　　　　　싫지 않습니다

· この しごとは ＿＿＿＿＿。
　　　　　　　싫지 않았습니다

· その がっこうは ＿＿＿＿＿。
　　　　　　　싫지 않다

· その じゅぎょうは ＿＿＿＿＿。
　　　　　　　싫지 않았다

· その ぶぶんが ＿＿＿＿＿、たいへんでした。
　　　　　　　싫어서

· なにもかも ＿＿＿＿＿ なりました。
　　　　　　　싫게

🐱 새 단어

よかんが します 예감이 듭니다	**ぜったいに** 절대로	**なんとなく** 왠지 모르게
しゅくだい 숙제	**かいしゃ** 회사	**この** 이
がっこう 학교	**ぶぶん** 부분	**～が** ～이/가
たいへんだ 힘들다	**なにもかも** 전부	

いやだ 싫다

또박또박 세 번씩 읽고 예쁘게 따라 써 봅시다.

- いやな よかんが します。 싫은 예감이 듭니다.

  _____。

- ぜったいに いやです。 절대로 싫습니다.

  _____。

- なんとなく いやでした。 왠지 모르게 싫었습니다.

  _____。

- しゅくだいは いやだった。 숙제는 싫었다.

  _____。

- かいしゃは いやじゃありません。 회사는 싫지 않습니다.

  _____。

- この しごとは いやじゃありませんでした。
  이 일은 싫지 않았습니다.

  _____。

- その がっこうは いやじゃない。 그 학교는 싫지 않다.

  _____。

- その じゅぎょうは いやじゃなかった。 그 수업은 싫지 않았다.

  _____。

- その ぶぶんが いやで、たいへんでした。 그 부분이 싫어서 힘들었습니다.

  _____。

- なにもかも いやに なりました。 전부 싫어졌습니다.

  _____。

おなじだ 같다

お	な	じ	だ							

해석을 보고 형용사 「おなじだ」를 알맞은 형태로 활용하여 빈칸에 적어 봅시다.

・せんせいは ちちと ＿＿＿＿＿ なまえだ。
　　　　　　　　　　　　　　　　　　　　같은

TIP おなじだ는 명사를 수식할 때
예외적으로 な를 붙이지 않습니다.

・わたしと かれは としが ＿＿＿＿＿。
　　　　　　　　　　　　　　　　　같습니다

・かれとは だいがくが ＿＿＿＿＿。
　　　　　　　　　　　　　　　　같았습니다

・しけんの けっかは まえと ＿＿＿＿＿。
　　　　　　　　　　　　　　　　　　같았다

・わたしと おっとは みょうじが ＿＿＿＿＿。
　　　　　　　　　　　　　　　　　　　　같지 않습니다

・へやは さとうさんと ＿＿＿＿＿。
　　　　　　　　　　　　　　　　같지 않았습니다

・あにと おとうとは けつえきがたが ＿＿＿＿＿。
　　　　　　　　　　　　　　　　　　　　　같지 않다

・かれの かおは しゃしんと ＿＿＿＿＿。
　　　　　　　　　　　　　　　　　같지 않았다

・わたしも たなかさんと ＿＿＿＿＿ りょこうが すきです。
　　　　　　　　　　　　　　　같아서

・かみがたは この はいゆうと ＿＿＿＿＿ して ください。
　　　　　　　　　　　　　　　　같게

새 단어

せんせい 선생(님)	～と ～와/과	なまえ 이름
とし 나이	～とは ～와는/과는	けっか 결과
まえ 전, 앞	おっと 남편	みょうじ 성〈이름〉
へや 방	けつえきがた 혈액형	かお 얼굴
しゃしん 사진	りょこう 여행	～が (すきだ) ～을/를 (좋아하다)
すきだ 좋아하다	かみがた 헤어스타일, 머리 모양	して ください 해 주세요, 하세요

同じだ 같다
^{おな}

또박또박 세 번씩 읽고 예쁘게 따라 써 봅시다.

1
2
3
・せんせいは ちちと 同じ なまえだ。 선생님은 아빠와 같은 이름이다.
^{おな}

_____。

1
2
3
・わたしと かれは としが 同じです。 나와 그는 나이가 같습니다.
^{おな}

_____。

1
2
3
・かれとは だいがくが 同じでした。 그와는 대학이 같았습니다.
^{おな}

_____。

1
2
3
・しけんの けっかは まえと 同じだった。 시험 결과는 전과 같았다.
^{おな}

_____。

1
2
3
・わたしと おっとは みょうじが 同じじゃありません。
^{おな}
나와 남편은 성이 같지 않습니다.

_____。

1
2
3
・へやは さとうさんと 同じじゃありませんでした。
^{おな}
방은 사토 씨와 같지 않았습니다.

_____。

1
2
3
・あにと おとうとは けつえきがたが 同じじゃない。
^{おな}
오빠와 남동생은 혈액형이 같지 않다.

_____。

1
2
3
・かれの かおは しゃしんと 同じじゃなかった。 그의 얼굴은 사진과 같지 않았다.
^{おな}

_____。

1
2
3
・わたしも たなかさんと 同じで りょこうが すきです。
^{おな}
나도 다나카 씨와 같아서 여행을 좋아합니다.

_____。

1
2
3
・かみがたは この はいゆうと 同じに して ください。
^{おな}
머리 모양은 이 배우와 같게 해 주세요.

_____。

40

かんたんだ 간단하다, 쉽다

かんたんだ

해석을 보고 형용사 「かんたんだ」를 알맞은 형태로 활용하여 빈칸에 적어 봅시다.

・これは ＿＿＿＿＿＿ ゲームだ。
　　　　　간단한

・ルールは ＿＿＿＿＿＿。
　　　　　간단합니다

・こたえは ＿＿＿＿＿＿。
　　　　　간단했습니다

・テストは ＿＿＿＿＿＿。
　　　　　쉬웠다

・かんじの べんきょうは ＿＿＿＿＿＿。
　　　　　　　　　　　쉽지 않습니다

・そこへ いくのは ＿＿＿＿＿＿。
　　　　　　　　쉽지 않았습니다

・その しあいに かつのは ＿＿＿＿＿＿。
　　　　　　　　　　　쉽지 않다

・しけんは ＿＿＿＿＿＿。
　　　　　쉽지 않았다

・＿＿＿＿＿＿ おいしい りょうりを おしえて ください。
　간단하고

・＿＿＿＿＿＿ せつめいして ください。
　간단하게

새 단어

ゲーム 게임	〜だ 〜이다	ルール 룰, 규칙
こたえ 답	かんじ 한자	べんきょう 공부
〜へ 〜에, 〜으로	いく 가다	の 것〈형식 명사〉
しあい 시합	〜に 〜에	かつ 이기다
しけん 시험	おいしい 맛있다	りょうり 요리
おしえて ください 알려 주세요, 가르쳐 주세요		せつめい 설명

簡単だ 간단하다, 쉽다

かん たん

또박또박 세 번씩 읽고 예쁘게 따라 써 봅시다.

・これは 簡単な ゲームだ。 이것은 간단한 게임이다.

TIP 명사에 だ를 붙이면 '~이다'라는 의미로 보통형의 현재 긍정 표현이 된다.

_____。

・ルールは 簡単です。 규칙은 간단합니다.

_____。

・こたえは 簡単でした。 답은 간단했습니다.

_____。

・テストは 簡単だった。 테스트는 쉬웠다.

_____。

・かんじの べんきょうは 簡単じゃありません。 한자 공부는 쉽지 않습니다.

_____。

・そこへ いくのは 簡単じゃありませんでした。
그곳에 가는 것은 쉽지 않았습니다.

TIP 동사 보통형이 명사 앞에 오면 명사를 수식하는 역할을 한다는 점을 알아 두자.

_____。

・その しあいに かつのは 簡単じゃない。 그 시합에 이기는 것은 쉽지 않다.

_____。

・しけんは 簡単じゃなかった。 시험은 쉽지 않았다.

_____。

・簡単で おいしい りょうりを おしえて ください。
간단하고 맛있는 요리를 가르쳐 주세요.

_____。

・簡単に せつめいして ください。 간단하게 설명해 주세요.

_____。

きらいだ 싫어하다

학습일 /

きらいだ

해석을 보고 형용사 「きらいだ」를 알맞은 형태로 활용하여 빈칸에 적어 봅시다.

· ＿＿＿＿＿＿ たべものは なんですか。
　　싫어하는

· びょういんは ＿＿＿＿＿＿ 。
　　　　　　　　싫어합니다

· がくせいの とき、しゅくだいが ＿＿＿＿＿＿ 。
　　　　　　　　　　　　　　　　싫어했습니다

· むかしは やさいが ＿＿＿＿＿＿ 。
　　　　　　　　　　싫어했다

· べんきょうは ＿＿＿＿＿＿ 。
　　　　　　　　싫어하지 않습니다

· かれの ことは ＿＿＿＿＿＿ 。
　　　　　　　　싫어하지 않았습니다

· かれの うたは ＿＿＿＿＿＿ 。
　　　　　　　　싫어하지 않다

· こどもの ときは むしが ＿＿＿＿＿＿ 。
　　　　　　　　　　　　싫어하지 않았다

· がっこうが ＿＿＿＿＿ 、はやく そつぎょうしたい。
　　　　　　　싫어해서

· タバコが ＿＿＿＿＿ なりました。
　　　　　　　싫어하게

🐱 새 단어

たべもの 음식	なん 무엇	〜か 〜까?
びょういん 병원	がくせいの とき 학생 때	〜が (きらいだ) 〜을/를 (싫어하다)
やさい 채소	かれの こと 그, 그에 관한 것	うた 노래
こどもの とき 어릴 때	むし 벌레	はやく 빨리
そつぎょう 졸업	したい 하고 싶다	タバコ 담배

43

嫌いだ 싫어하다

또박또박 세 번씩 읽고 예쁘게 따라 써 봅시다.

・嫌いな たべものは なんですか。 싫어하는 음식은 무엇입니까?

_____ 。

・びょういんは 嫌いです。 병원은 싫어합니다.

_____ 。

・がくせいの とき、しゅくだいが 嫌いでした。
학생 때 숙제를 싫어했습니다.

> **TIP** きらいだ 앞에 오는 목적어에는
> 목적격조사인 を 대신 が를 씁니다.

_____ 。

・むかしは やさいが 嫌いだった。 옛날에는 채소를 싫어했다.

_____ 。

・べんきょうは 嫌いじゃありません。 공부는 싫어하지 않습니다.

_____ 。

・かれの ことは 嫌いじゃありませんでした。 그는 싫어하지 않았습니다.

_____ 。

・かれの うたは 嫌いじゃない。 그의 노래는 싫어하지 않는다.

_____ 。

・こどもの ときは むしが 嫌いじゃなかった。
어릴 때는 벌레를 싫어하지 않았다.

_____ 。

・がっこうが 嫌いで、はやく そつぎょうしたい。
학교를 싫어해서 빨리 졸업하고 싶다.

_____ 。

・タバコが 嫌いに なりました。 담배를 싫어하게 되었습니다.

_____ 。

きれいだ 예쁘다, 깨끗하다

| き | れ | い | だ | | | | | | | | | |

해석을 보고 형용사「きれいだ」를 알맞은 형태로 활용하여 빈칸에 적어 봅시다.

· _____ ゆびわを もらいました。
　　　　예쁜

· にわの はなが _____。
　　　　　　　　예쁩니다

· がくせいの とき、もりさんは とても _____。
　　　　　　　　　　　　　　　　　예뻤습니다

· なかやまさんの へやは _____。
　　　　　　　　　　깨끗했다

· きょうは くうきが _____。
　　　　　　　깨끗하지 않습니다

· この まちは むかしは _____。
　　　　　　　　깨끗하지 않았습니다

· かれの つくえは いつも _____。
　　　　　　　　　깨끗하지 않다

· だいどころは あまり _____。
　　　　　　　깨끗하지 않았다

· その ホテルは _____、ねだんも やすい。
　　　　　　깨끗하고

· _____ そうじして ください。
　깨끗하게

새 단어

ゆびわ 반지	**〜を** 〜을/를	**もらいました** 받았습니다
にわ 정원, 마당	**はな** 꽃	**とても** 무척, 매우
くうき 공기	**まち** 거리, 마을	**つくえ** 책상
いつも 항상, 늘	**だいどころ** 부엌	**あまり** 그다지
ホテル 호텔	**ねだん** 가격	**やすい** 싸다, 저렴하다
そうじ 청소		

45

きれいだ 예쁘다, 깨끗하다

MP3
12

또박또박 세 번씩 읽고 예쁘게 따라 써 봅시다.

・きれいな ゆびわを もらいました。예쁜 반지를 받았습니다.
_____。

・にわの はなが きれいです。마당의 꽃이 예쁩니다.
_____。

・がくせいの とき、もりさんは とても きれいでした。
학생 때 모리 씨는 무척 예뻤습니다.
_____。

・なかやまさんの へやは きれいだった。나카야마 씨의 방은 깨끗했다.
_____。

・きょうは くうきが きれいじゃありません。
오늘은 공기가 깨끗하지 않습니다.
_____。

・この まちは むかしは きれいじゃありませんでした。
이 거리는 옛날에는 깨끗하지 않았습니다.
_____。

・かれの つくえは いつも きれいじゃない。그의 책상은 늘 깨끗하지 않다.
_____。

・だいどころは あまり きれいじゃなかった。부엌은 그다지 깨끗하지 않았다.
_____。

・その ホテルは きれいで、ねだんも やすい。
그 호텔은 깨끗하고 가격도 저렴하다.
_____。

・きれいに そうじして ください。깨끗하게 청소해 주세요.
_____。

しずかだ 조용하다

학습일
/

しずかだ

해석을 보고 형용사「しずかだ」를 알맞은 형태로 활용하여 빈칸에 적어 봅시다.

- ＿＿＿＿＿＿＿＿ ばしょで べんきょうしたい。
  조용한

- にちようびの あさは まちが ＿＿＿＿＿＿＿＿＿＿。
  조용합니다

- かれは こどもの とき、とても ＿＿＿＿＿＿＿＿＿＿。
  조용했습니다

- きのうの よるは とても ＿＿＿＿＿＿＿＿。
  조용했다

- ここは よるも ぜんぜん ＿＿＿＿＿＿＿＿＿＿＿。
  조용하지 않습니다

- としょかんは ＿＿＿＿＿＿＿＿＿＿。
  조용하지 않았습니다

- この きかいの おとは ＿＿＿＿＿＿＿＿。
  조용하지 않다

- その レストランは あまり ＿＿＿＿＿＿＿＿＿。
  조용하지 않았다

- その カフェは ＿＿＿＿＿＿＿、ふんいきも よかったです。
  조용하고

- ＿＿＿＿＿＿＿ して ください。
  조용히

새 단어

ばしょ 장소, 곳	～で ～에서	あさ 아침
よる 밤	ぜんぜん 전혀	としょかん 도서관
きかい 기계	おと 소리	カフェ 카페
ふんいき 분위기	よかったです 좋았습니다	

47

静かだ 조용하다

또박또박 세 번씩 읽고 예쁘게 따라 써 봅시다.

・静かな ばしょで べんきょうしたい。 조용한 장소에서 공부하고 싶다.

_____。

・にちようびの あさは まちが 静かです。 일요일 아침은 거리가 조용합니다.

_____。

・かれは こどもの とき、とても 静かでした。
그는 어렸을 때 매우 조용했습니다.

_____。

・きのうの よるは とても 静かだった。 어젯밤은 무척 조용했다.

_____。

・ここは よるも ぜんぜん 静かじゃありません。
이곳은 밤에도 전혀 조용하지 않습니다.

_____。

・としょかんは 静かじゃありませんでした。 도서관은 조용하지 않았습니다.

_____。

・この きかいの おとは 静かじゃない。 이 기계 소리는 조용하지 않다.

_____。

・その レストランは あまり 静かじゃなかった。
그 레스토랑은 그다지 조용하지 않았다.

_____。

・その カフェは 静かで、ふんいきも よかったです。
그 카페는 조용하고 분위기도 좋았습니다.

_____。

・静かに して ください。 조용히 해 주세요.

_____。

じょうずだ　잘하다, 능숙하다

じ	ょ	う	ず	だ							

해석을 보고 형용사 「じょうずだ」를 알맞은 형태로 활용하여 빈칸에 적어 봅시다.

・この　なかで　いちばん　うんてんが ＿＿＿＿＿＿ ひとは
　　　　　　　　　　　　　　　　　　　　　　잘하는
　だれですか。

・すずきさんは　ピアノが ＿＿＿＿＿＿。
　　　　　　　　　　　　　　　잘합니다

・ははは　むかしから　えが ＿＿＿＿＿＿。
　　　　　　　　　　　　　　　　　잘했습니다

・がくせいの　とき、おとうとは　サッカーが ＿＿＿＿＿＿。
　　　　　　　　　　　　　　　　　　　　　　　　　　잘했다

・ちちは　うたが ＿＿＿＿＿＿。
　　　　　　　　　　　잘하지 않습니다

・あねは　りょうりが ＿＿＿＿＿＿。
　　　　　　　　　　　　　　잘하지 않았습니다

・あには　ダンスが　あまり ＿＿＿＿＿＿。
　　　　　　　　　　　　　　　　잘하지 않다

・いちねんまえは　えいごが　あまり ＿＿＿＿＿＿。
　　　　　　　　　　　　　　　　　　　　잘하지 않았다

・キムさんは　にほんごが ＿＿＿＿＿＿、しんせつな　ガイドです。
　　　　　　　　　　　　　　잘하고

・テニスが ＿＿＿＿＿＿ なりました。
　　　　　　잘하게

🐱 **새 단어**

この　なか 이 중	いちばん 가장	うんてん 운전
〜が(じょうずだ) 〜을/를 (잘하다)	ひと 사람	だれ 누구
ピアノ 피아노	え 그림	サッカー 축구
ダンス 댄스, 춤	いちねん 1년	えいご 영어
にほんご 일본어	しんせつだ 친절하다	ガイド 가이드
テニス 테니스		

上手だ 잘하다, 능숙하다

또박또박 세 번씩 읽고 예쁘게 따라 써 봅시다.

TIP 上手だ 앞에 오는 목적어에는 목적격조사인 を 대신 が를 씁니다.

- この なかで いちばん うんてんが 上手な ひとは だれですか。
  이 중에서 가장 운전을 잘하는 사람은 누구입니까?

  _____ 。

- すずきさんは ピアノが 上手です。 스즈키 씨는 피아노를 잘 칩니다.

  _____ 。

- ははは むかしから えが 上手でした。 엄마는 옛날부터 그림을 잘 그렸습니다.

  _____ 。

- がくせいの とき、おとうとは サッカーが 上手だった。
  학생 때 남동생은 축구를 잘했다.

  _____ 。

- ちちは うたが 上手じゃありません。 아빠는 노래를 잘하지 않습니다.

  _____ 。

- あねは りょうりが 上手じゃありませんでした。
  누나는 요리를 잘하지 않았습니다.

  _____ 。

- あには ダンスが あまり 上手じゃない。 형은 춤을 그다지 잘 추지 않는다.

  _____ 。

- いちねんまえは えいごが あまり 上手じゃなかった。
  1년 전에는 영어를 그다지 잘하지 않았다.

  _____ 。

- キムさんは にほんごが 上手で、しんせつな ガイドです。
  김 씨는 일본어를 잘하고 친절한 가이드입니다.

  _____ 。

- テニスが 上手に なりました。 테니스를 잘하게 되었습니다.

  _____ 。

じょうぶだ 튼튼하다

じょうぶだ

해석을 보고 형용사「じょうぶだ」를 알맞은 형태로 활용하여 빈칸에 적어 봅시다.

・これは かるくて ＿＿＿＿＿ かさです。
튼튼한

・この タイヤは ＿＿＿＿＿ 。
튼튼합니다

・むかしは はが ＿＿＿＿＿ 。
튼튼했습니다

・わかい ときは あしが ＿＿＿＿＿ 。
튼튼했다

・この たてものは あまり ＿＿＿＿＿ 。
튼튼하지 않습니다

・こどもの ときから からだが ＿＿＿＿＿
튼튼하지 않았습니다
＿＿＿＿＿ 。

・ちちは いが ＿＿＿＿＿ 。
튼튼하지 않다

・むかしから こしが ＿＿＿＿＿ 。
튼튼하지 않았다

・もりさんは からだも ＿＿＿＿＿ 、こころも つよい ひとです。
튼튼하고

・まいにち うんどうを して、からだが ＿＿＿＿＿ なりました。
튼튼하게

새 단어

かるくて 가볍고, 가벼워서	タイヤ 타이어	は 이, 이빨
わかい 젊다, 어리다	とき 때	あし 다리
たてもの 건물	からだ 몸	い 위
こし 허리	こころ 마음	つよい 강하다, 세다
まいにち 매일	うんどう 운동	して 하고, 해서

51

MP3 15

또박또박 세 번씩 읽고 예쁘게 따라 써 봅시다.

・これは かるくて 丈夫な かさです。 이것은 가볍고 튼튼한 우산입니다.
じょうぶ

_____。

・この タイヤは 丈夫です。 이 타이어는 튼튼합니다.
じょうぶ

_____。

・むかしは はが 丈夫でした。 옛날에는 이가 튼튼했습니다.
じょうぶ

_____。

・わかい ときは あしが 丈夫だった。 젊을 때는 다리가 튼튼했다.
じょうぶ

_____。

・この たてものは あまり 丈夫じゃありません。
じょうぶ
이 건물은 그다지 튼튼하지 않습니다.

_____。

・こどもの ときから からだが 丈夫じゃありませんでした。
じょうぶ
어릴 때부터 몸이 튼튼하지 않았습니다.

_____。

・ちちは いが 丈夫じゃない。 아빠는 위가 튼튼하지 않다.
じょうぶ

_____。

・むかしから こしが 丈夫じゃなかった。 옛날부터 허리가 튼튼하지 않았다.
じょうぶ

_____。

・もりさんは からだも 丈夫で、こころも つよい ひとです。
じょうぶ
모리 씨는 몸도 튼튼하고 마음도 강한 사람입니다.

_____。

・まいにち うんどうを して、からだが 丈夫に なりました。
じょうぶ
매일 운동을 해서 몸이 튼튼해졌습니다.

_____。

しんせつだ 친절하다

し	ん	せ	つ	だ								

해석을 보고 형용사 「しんせつだ」를 알맞은 형태로 활용하여 빈칸에 적어 봅시다.

・たかはしさんは ＿＿＿＿＿＿ ひとです。
　　　　　　　　친절한

・その カフェの てんいんは ＿＿＿＿＿＿。
　　　　　　　　　　　　친절합니다

・その まちの ひとは みんな ＿＿＿＿＿＿。
　　　　　　　　　　　친절했습니다

・その ホテルマンは とても ＿＿＿＿＿＿。
　　　　　　　　　　친절했다

・なかむらさんは ＿＿＿＿＿＿。
　　　　　　친절하지 않습니다

・その ひとは ＿＿＿＿＿＿。
　　　　　　친절하지 않았습니다

・あの えきいんは あまり ＿＿＿＿＿＿。
　　　　　　　　친절하지 않다

・きのうの うんてんしゅは ＿＿＿＿＿＿。
　　　　　　　　　친절하지 않았다

・すずきさんは ＿＿＿＿＿＿、やさしい ひとです。
　　　　　　친절하고

・おとしよりには ＿＿＿＿＿＿ しましょう。
　　　　　　친절하게

🐱 **새 단어**

てんいん 점원	みんな 모두	ホテルマン 호텔 직원
えきいん 역무원	うんてんしゅ 운전 기사	やさしい 상냥하다
おとしより 노인, 어르신	～には ～에게는	しましょう 합시다

親切だ 친절하다
しん せつ

또박또박 세 번씩 읽고 예쁘게 따라 써 봅시다.

・たかはしさんは 親切な ひとです。 다카하시 씨는 친절한 사람입니다.
しんせつ

_____ 。

・その カフェの てんいんは 親切です。 그 카페의 점원은 친절합니다.
しんせつ

_____ 。

・その まちの ひとは みんな 親切でした。
しんせつ
그 마을 사람은 모두 친절했습니다.

_____ 。

・その ホテルマンは とても 親切だった。 그 호텔 직원은 무척 친절했다.
しんせつ

_____ 。

・なかむらさんは 親切じゃありません。 니가무라 씨는 친절하시 않습니다.
しんせつ

_____ 。

・その ひとは 親切じゃありませんでした。 그 사람은 친절하지 않았습니다.
しんせつ

_____ 。

・あの えきいんは あまり 親切じゃない。 저 역무원은 그다지 친절하지 않다.
しんせつ

_____ 。

・きのうの うんてんしゅは 親切じゃなかった。
しんせつ
어제의 운전 기사는 친절하지 않았다.

_____ 。

・すずきさんは 親切で、やさしい ひとです。
しんせつ
스즈키 씨는 친절하고 상냥한 사람입니다.

_____ 。

・おとしよりには 親切に しましょう。 어르신에게는 친절합시다.
しんせつ

_____ 。

すきだ 좋아하다

す	き	だ								

해석을 보고 형용사 「すきだ」를 알맞은 형태로 활용하여 빈칸에 적어 봅시다.

· ＿＿＿＿＿ いろは なんですか。
　　좋아하는

· ふゆより なつが ＿＿＿＿＿。
　　　　　　　　　　좋아합니다

· こどもの ときから その アイドルが ＿＿＿＿＿。
　　　　　　　　　　　　　　　　　　　좋아했습니다

· ずっと きみの ことが ＿＿＿＿＿。
　　　　　　　　　　　좋아했다

· からい たべものは ＿＿＿＿＿。
　　　　　　　　　　좋아하지 않습니다

· かれの ことは あまり ＿＿＿＿＿。
　　　　　　　　　　좋아하지 않았습니다

· ははは いぬが ＿＿＿＿＿。
　　　　　　　좋아하지 않는다

· がくせいの とき、すうがくが ＿＿＿＿＿。
　　　　　　　　　　　　　좋아하지 않았다

· ひこうきが ＿＿＿＿＿、パイロットに なった。
　　　　　　좋아해서

· うんどうが ＿＿＿＿＿ なりました。
　　　　　　좋아하게

🐱 **새 단어**

いろ 색, 색깔	**ふゆ** 겨울	**～より** ~보다
なつ 여름	**アイドル** 아이돌	**ずっと** 쭉, 계속
きみの こと 너, 너에 관한 것	**からい** 맵다	**いぬ** 개
すうがく 수학	**ひこうき** 비행기	

好^すきだ 좋아하다

또박또박 세 번씩 읽고 예쁘게 따라 써 봅시다.

・好^すきな いろは なんですか。 좋아하는 색깔은 무엇입니까?

_____

・ふゆより なつが 好^すきです。 겨울보다 여름을 좋아합니다.

> TIP すきだ 앞에 오는 목적어에는
> 목적격조사인 を 대신 が를 씁니다.

_____

・こどもの ときから その アイドルが 好^すきでした。
어릴 때부터 그 아이돌을 좋아했습니다.

_____

・ずっと きみの ことが 好^すきだった。 쭉 너를 좋아했다.

_____

・からい たべものは 好^すきじゃありません。 매운 음식은 좋아하지 않습니다.

_____

・かれの ことは あまり 好^すきじゃありませんでした。
그에 관해서는 그다지 좋아하지 않았습니다.

_____

・ははは いぬが 好^すきじゃない。 엄마는 개를 좋아하지 않는다.

_____

・がくせいの とき、すうがくが 好^すきじゃなかった。
학생 때 수학을 좋아하지 않았다.

_____

・ひこうきが 好^すきで、パイロットに なった。
비행기를 좋아해서 파일럿이 되었다.

_____

・うんどうが 好^すきに なりました。 운동을 좋아하게 되었습니다.

_____

だいじょうぶだ 괜찮다

だ	い	じ	ょ	う	ぶ	だ						

해석을 보고 형용사 「だいじょうぶだ」를 알맞은 형태로 활용하여 빈칸에 적어 봅시다.

· _____ ひを おしえて ください。
　　　　　괜찮은

· あしたは おそく おきても _____。
　　　　　　　　　　　　　　　　괜찮습니다

· ひとりでも _____。
　　　　　　　괜찮았습니다

· しけんの けっかは _____。
　　　　　　　　　　괜찮았다

· ぜんぜん _____。
　　　　　괜찮지 않습니다

· パソコンは _____。
　　　　　　괜찮지 않았습니다

· まだ _____。
　　　괜찮지 않다

· かのじょの こころは _____。
　　　　　　　　　　괜찮지 않았다

 새 단어

ひ 날	おそく 늦게	おきても 일어나도
まだ 아직	ひとりでも 혼자여도, 혼자라도	パソコン 컴퓨터

大丈夫だ 괜찮다

MP3 18

또박또박 세 번씩 읽고 예쁘게 따라 써 봅시다.

1 2 3 ・大丈夫な ひを おしえて ください。 괜찮은 날을 알려 주세요.

_____。

1 2 3 ・あしたは おそく おきても 大丈夫です。 내일은 늦게 일어나도 괜찮습니다.

_____。

1 2 3 ・ひとりでも 大丈夫でした。 혼자여도 괜찮았습니다.

_____。

1 2 3 ・しけんの けっかは 大丈夫だった。 시험 결과는 괜찮았다.

_____。

1 2 3 ・ぜんぜん 大丈夫じゃありません。 전혀 괜찮지 않습니다.

_____。

1 2 3 ・パソコンは 大丈夫じゃありませんでした。 컴퓨터는 괜찮지 않았습니다.

_____。

1 2 3 ・まだ 大丈夫じゃない。 아직 괜찮지 않다.

_____。

1 2 3 ・かのじょの こころは 大丈夫じゃなかった。 그녀의 마음은 괜찮지 않았다.

_____。

たいせつだ
소중하다, 중요하다

학습일 /

た	い	せ	つ	だ						

해석을 보고 형용사 「たいせつだ」를 알맞은 형태로 활용하여 빈칸에 적어 봅시다.

・ペットも ＿＿＿＿＿＿ かぞくです。
　　　　　소중한

・けんこうは おかねよりも ＿＿＿＿＿＿。
　　　　　　　　　　　　　중요합니다

・ともだちよりも こいびとが ＿＿＿＿＿＿。
　　　　　　　　　　　　　　소중했습니다

・わかい ときは しごとが いちばん ＿＿＿＿＿＿。
　　　　　　　　　　　　　　　　　중요했다

・がくれきは ＿＿＿＿＿＿。
　　　　　중요하지 않습니다

・かれの ことは ＿＿＿＿＿＿。
　　　　　　　소중하지 않았습니다

・けっかは あまり ＿＿＿＿＿＿。
　　　　　　　　중요하지 않다

・その しゃしんは あまり ＿＿＿＿＿＿。
　　　　　　　　　　　　중요하지 않았다

・それは とても ＿＿＿＿＿＿、わすれられない おもいでです。
　　　　　　　소중해서

・からだを ＿＿＿＿＿＿ して ください。
　　　　　소중히

🐈 새 단어

ペット 반려동물, 애완동물	かぞく 가족	けんこう 건강
おかね 돈	～よりも ～보다도	ともだち 친구
こいびと 애인, 연인	がくれき 학력	わすれられない 잊을 수 없다
おもいで 추억		

大切だ _{たい せつ} 소중하다, 중요하다

또박또박 세 번씩 읽고 예쁘게 따라 써 봅시다.

1 2 3 ・ペットも 大切な かぞくです。 반려동물도 소중한 가족입니다.
_____。

1 2 3 ・けんこうは おかねよりも 大切です。 건강은 돈보다도 중요합니다.
_____。

1 2 3 ・ともだちよりも こいびとが 大切でした。 친구보다도 애인이 중요했습니다.
_____。

1 2 3 ・わかい ときは しごとが いちばん 大切だった。
젊을 때는 일이 가장 중요했다.
_____。

1 2 3 ・がくれきは 大切じゃありません。 학력은 중요하지 않습니다.
_____。

1 2 3 ・かれの ことは 大切じゃありませんでした。 그는 소중하지 않았습니다.
_____。

1 2 3 ・けっかは あまり 大切じゃない。 결과는 그다지 중요하지 않다.
_____。

1 2 3 ・その しゃしんは あまり 大切じゃなかった。
그 사진은 그다지 중요하지 않다.
_____。

1 2 3 ・それは とても 大切で、わすれられない おもいでです。
그것은 매우 소중해서 잊을 수 없는 추억입니다.
_____。

1 2 3 ・からだを 大切に して ください。 몸을 소중히 하세요.
_____。

たいへんだ 힘들다

| た | い | へ | ん | だ | | | | | | | |

해석을 보고 형용사 「たいへんだ」를 알맞은 형태로 활용하여 빈칸에 적어 봅시다.

· とても ＿＿＿＿＿＿ いちにちだった。
　　　　　힘든

· やすみが なくて ＿＿＿＿＿＿＿。
　　　　　　힘듭니다

· せんぱいが いなくて ＿＿＿＿＿＿＿。
　　　　　　　힘들었습니다

· さいふを おとして ＿＿＿＿＿＿＿。
　　　　　　힘들었다

· うんてんは ＿＿＿＿＿＿＿＿＿。
　　　　　힘들지 않습니다

· きのうの アルバイトは ＿＿＿＿＿＿＿＿
　　　　　　　　힘들지 않았습니다

＿＿＿＿。

· きょうの しゅくだいは ＿＿＿＿＿＿＿＿。
　　　　　　　힘들지 않다

· じゅんびは ぜんぜん ＿＿＿＿＿＿＿＿。
　　　　　　　힘들지 않았다

· しごとが ＿＿＿＿＿、やめたいです。
　　　　　힘들어서

· しごとが きゅうに ＿＿＿＿＿ なりました。
　　　　　　힘들게

새 단어

いちにち 하루	**なくて** (식물·사물·추상적인 것 등이) 없어서, 업고
せんぱい 선배(님)	**いなくて** (사람·동물 등이) 없어서, 없고
さいふ 지갑	**おとして** 떨어뜨려서, 떨어뜨리고 　**じゅんび** 준비
やめたいです 그만두고 싶습니다	**きゅうに** 갑자기

大変だ 힘들다
たい へん

또박또박 세 번씩 읽고 예쁘게 따라 써 봅시다.

1
2
3
・とても 大変な いちにちだった。 매우 힘든 하루였다.
　　　たいへん

＿＿＿＿＿＿＿＿＿＿＿＿＿＿＿＿＿＿＿＿＿＿＿＿＿＿＿＿＿＿＿＿＿＿＿。

1
2
3
・やすみが なくて 大変です。 쉬는 날이 없어서 힘듭니다.
　　　　　　たいへん

＿＿＿＿＿＿＿＿＿＿＿＿＿＿＿＿＿＿＿＿＿＿＿＿＿＿＿＿＿＿＿＿＿＿＿。

1
2
3
・せんぱいが いなくて 大変でした。 선배가 없어서 힘들었습니다.
　　　　　　　　たいへん

＿＿＿＿＿＿＿＿＿＿＿＿＿＿＿＿＿＿＿＿＿＿＿＿＿＿＿＿＿＿＿＿＿＿＿。

1
2
3
・さいふを おとして 大変だった。 지갑을 떨어뜨려서 힘들었다.
　　　　　　　　たいへん

＿＿＿＿＿＿＿＿＿＿＿＿＿＿＿＿＿＿＿＿＿＿＿＿＿＿＿＿＿＿＿＿＿＿＿。

1
2
3
・うんてんは 大変じゃありません。 운전은 힘들지 않습니다.
　　　　　たいへん

＿＿＿＿＿＿＿＿＿＿＿＿＿＿＿＿＿＿＿＿＿＿＿＿＿＿＿＿＿＿＿＿＿＿＿。

1
2
3
・きのうの アルバイトは 大変じゃありませんでした。
　　　　　　　　　　たいへん
어제 아르바이트는 힘들지 않았습니다.

＿＿＿＿＿＿＿＿＿＿＿＿＿＿＿＿＿＿＿＿＿＿＿＿＿＿＿＿＿＿＿＿＿＿＿。

1
2
3
・きょうの しゅくだいは 大変じゃない。 오늘 숙제는 힘들지 않다.
　　　　　　　　　　たいへん

＿＿＿＿＿＿＿＿＿＿＿＿＿＿＿＿＿＿＿＿＿＿＿＿＿＿＿＿＿＿＿＿＿＿＿。

1
2
3
・じゅんびは ぜんぜん 大変じゃなかった。 준비는 전혀 힘들지 않았다.
　　　　　　　　　　たいへん

＿＿＿＿＿＿＿＿＿＿＿＿＿＿＿＿＿＿＿＿＿＿＿＿＿＿＿＿＿＿＿＿＿＿＿。

1
2
3
・しごとが 大変で、やめたいです。 일이 힘들어서 그만두고 싶습니다.
　　　　たいへん

＿＿＿＿＿＿＿＿＿＿＿＿＿＿＿＿＿＿＿＿＿＿＿＿＿＿＿＿＿＿＿＿＿＿＿。

1
2
3
・しごとが きゅうに 大変に なりました。 일이 갑자기 힘들어졌습니다.
　　　　　　　　たいへん

＿＿＿＿＿＿＿＿＿＿＿＿＿＿＿＿＿＿＿＿＿＿＿＿＿＿＿＿＿＿＿＿＿＿＿。

にぎやかだ 번화하다, 북적이다

학습일 　/

に	ぎ	や	か	だ								

해석을 보고 형용사 「にぎやかだ」를 알맞은 형태로 활용하여 빈칸에 적어 봅시다.

・しんじゅくは ＿＿＿＿＿＿ ところです。
　　　　　　　　번화한

・となりの いえは まいにち ＿＿＿＿＿＿。
　　　　　　　　　　　　　　　　북적입니다

・おまつりは ＿＿＿＿＿＿。
　　　　　　　북적였습니다

・むかしは とても ＿＿＿＿＿＿。
　　　　　　　　　　번화했다

・しゅうまつなのに ＿＿＿＿＿＿。
　　　　　　　　　　　북적이지 않습니다

・けさの いちばは ＿＿＿＿＿＿。
　　　　　　　　　　북적이지 않았습니다

・きょうの こうえんは ＿＿＿＿＿＿。
　　　　　　　　　　　북적이지 않다

・パーティーは あまり ＿＿＿＿＿＿。
　　　　　　　　　　　북적이지 않았다

・そこは ＿＿＿＿＿＿ たのしい ところでした。
　　　　　번화하고

・こどもたちが きて、＿＿＿＿＿＿ なった。
　　　　　　　　　　　북적이게

🐱 새 단어

しんじゅく 신주쿠〈지명〉	ところ 곳	となり 옆
いえ 집	おまつり 축제	しゅうまつ 주말
～なのに ～인데도	けさ 오늘 아침	いちば 시장
パーティー 파티	たのしい 즐겁다	こどもたち 어린이들, 아이들
きて 와서, 오고		

63

にぎやかだ 번화하다, 북적이다

또박또박 세 번씩 읽고 예쁘게 따라 써 봅시다.

・しんじゅくは にぎやかな ところです。 신주쿠는 번화한 곳입니다.

・となりの いえは まいにち にぎやかです。 옆집은 매일 북적입니다.

・おまつりは にぎやかでした。 축제는 북적였습니다.

・むかしは とても にぎやかだった。 옛날에는 무척 번화했다.

・しゅうまつなのに にぎやかじゃありません。
주말인데도 북적이지 않습니다.

・けさの いちばは にぎやかじゃありませんでした。
오늘 아침 시장은 북적이지 않았습니다.

・きょうの こうえんは にぎやかじゃない。 오늘 공원은 북적이지 않는다.

・パーティーは あまり にぎやかじゃなかった。
파티는 그다지 북적이지 않았다.

・そこは にぎやかで たのしい ところでした。
그곳은 번화하고 즐거운 곳이었습니다.

・こどもたちが きて、にぎやかに なった。 아이들이 와서 북적이게 되었다.

64

ひまだ 한가하다

ひ	ま	だ										

해석을 보고 형용사 「ひまだ」를 알맞은 형태로 활용하여 빈칸에 적어 봅시다.

· ＿＿＿＿＿ ときは れんらくして ください。
　　한가한

· おきゃくさんが いなくて ＿＿＿＿＿。
　　　　　　　　　　　　　한가합니다

· しごとが なくて ＿＿＿＿＿。
　　　　　　　　　　한가했습니다

· にちようびは ＿＿＿＿＿。
　　　　　　　한가했다

· だいがくせいは ＿＿＿＿＿。
　　　　　　　　　한가하지 않습니다

· きのうは ＿＿＿＿＿。
　　　　　한가하지 않았습니다

· わたしは そんなに ＿＿＿＿＿。
　　　　　　　　　　한가하지 않다

· しゅうまつは ＿＿＿＿＿。
　　　　　　　한가하지 않았다

· まいにち ＿＿＿＿、あそんで います。
　　　　　한가해서

· らいしゅうからは すこし ＿＿＿＿ なりそうです。
　　　　　　　　　　　　한가하게

새 단어

れんらく 연락	おきゃくさん 손님	そんなに 그렇게
らいしゅう 다음주	～からは ～부터는	すこし 조금
なりそうです 될 것 같습니다, ～(해)질 것 같습니다		

暇だ 한가하다

ひま

MP3 22

또박또박 세 번씩 읽고 예쁘게 따라 써 봅시다.

1 2 3 ・暇な ときは れんらくして ください。 한가한 때는 연락해 주세요.

_____ 。

1 2 3 ・おきゃくさんが いなくて 暇です。 손님이 없어서 한가합니다.

_____ 。

1 2 3 ・しごとが なくて 暇でした。 일이 없어서 한가했습니다.

_____ 。

1 2 3 ・にちようびは 暇だった。 일요일은 한가했다.

_____ 。

1 2 3 ・だいがくせいは 暇じゃありません。 대학생은 한가하지 않습니다.

_____ 。

1 2 3 ・きのうは 暇じゃありませんでした。 어제는 한가하지 않았습니다.

_____ 。

1 2 3 ・わたしは そんなに 暇じゃない。 나는 그렇게 한가하지 않다.

_____ 。

1 2 3 ・しゅうまつは 暇じゃなかった。 주말에는 한가하지 않았다.

_____ 。

1 2 3 ・まいにち 暇で、あそんで います。 매일 한가해서 놀고 있습니다.

_____ 。

1 2 3 ・らいしゅうからは すこし 暇に なりそうです。
다음주부터는 조금 한가해질 것 같습니다.

_____ 。

ふべんだ 불편하다

ふべんだ

해석을 보고 형용사 「ふべんだ」를 알맞은 형태로 활용하여 빈칸에 적어 봅시다.

· ホテルは すこし ＿＿＿＿＿ ところに ある。
불편한

· トイレが なくて ＿＿＿＿＿。
불편합니다

· パソコンが こわれて ＿＿＿＿＿。
불편했습니다

· タオルが なくて ＿＿＿＿＿。
불편했다

· くるまが なくても ＿＿＿＿＿。
불편하지 않습니다

· むかしは スマホが なくても ＿＿＿＿＿
불편하지 않았습니다

＿＿＿＿＿。

· テレビが なくても ＿＿＿＿＿。
불편하지 않다

· にほんごが はなせなくても ＿＿＿＿＿。
불편하지 않았다

· インターネットが つかえなくて、＿＿＿＿＿ こまって いる。
불편하고, 불편해서

· コンビニが なくなって、とても ＿＿＿＿＿ なった。
불편하게

새 단어

ある (식물·사물·추상적인 것 등이) 있다
タオル 수건　　　　くるま 자동차
なくても (식물·사물·추상적인 것 등이) 없어도
はなせなくても 말할 수 없어도　インターネット 인터넷
こまって いる 곤란한 상태이다　コンビニ 편의점

こわれて 망가지고, 망가져서
スマホ 스마트폰
テレビ 텔레비전
つかえなくて 사용할 수 없어서
なくなって 없어지고, 없어져서

不便だ 불편하다

ふ べん

또박또박 세 번씩 읽고 예쁘게 따라 써 봅시다.

1
2
3
・ホテルは すこし 不便な ところに ある。 호텔은 조금 불편한 곳에 있다.
ふ べん

_____ 。

1
2
3
・トイレが なくて 不便です。 화장실이 없어서 불편합니다.
ふ べん

_____ 。

1
2
3
・パソコンが こわれて 不便でした。 컴퓨터가 망가져서 불편했습니다.
ふ べん

_____ 。

1
2
3
・タオルが なくて 不便だった。 수건이 없어서 불편했다.
ふ べん

_____ 。

1
2
3
・くるまが なくても 不便じゃありません。
ふ べん
자동차가 없어도 불편하지 않습니다.

_____ 。

1
2
3
・むかしは スマホが なくても 不便じゃありませんでした。
ふ べん
옛날에는 스마트폰이 없어도 불편하지 않았습니다.

_____ 。

1
2
3
・テレビが なくても 不便じゃない。 텔레비전이 없어도 불편하지 않다.
ふ べん

_____ 。

1
2
3
・にほんごが はなせなくても 不便じゃなかった。
ふ べん
일본어를 말할 수 없어도 불편하지 않았다.

_____ 。

1
2
3
・インターネットが つかえなくて、不便で こまって いる。
ふ べん
인터넷을 사용하지 못해서 불편하고 곤란한 상태이다.

_____ 。

1
2
3
・コンビニが なくなって、とても 不便に なった。
ふ べん
편의점이 없어지고 몹시 불편해졌다.

_____ 。

へただ 못하다, 서투르다

へただ

해석을 보고 형용사 「へただ」를 알맞은 형태로 활용하여 빈칸에 적어 봅시다.

・＿＿＿＿＿　えを　もらった。
　　서툰

・かれは　うそが　＿＿＿＿＿。
　　　　　　　　　　못합니다

・りゅうがくする　まえは　にほんごが　＿＿＿＿＿。
　　　　　　　　　　　　　　　　　　　못했습니다

・むかしは　ゴルフが　＿＿＿＿＿。
　　　　　　　　　　　못했다

・サッカーは　へたですが、やきゅうは　＿＿＿＿＿。
　　　　　　　　　　　　　　　　　　못하지 않습니다

・かのじょの　イラストは　＿＿＿＿＿。
　　　　　　　　　　　　못하지 않았습니다

・その　はいゆうの　えんぎは　＿＿＿＿＿。
　　　　　　　　　　　　　　서툴지 않다

・こばやしさんは　うたが　＿＿＿＿＿。
　　　　　　　　　　　　못하지 않았다

・せつめいが　＿＿＿＿＿　すみません。
　　　　　　못해서

・ダンスが　＿＿＿＿＿　なりました。
　　　　　　서툴러

새 단어

もらった 받았다	うそ 거짓말	りゅうがくする 유학하다
ゴルフ 골프	やきゅう 야구	イラスト 일러스트, 일러스트레이션
えんぎ 연기	すみません 미안합니다, 죄송합니다	

下手だ 못하다, 서투르다

1 2 3 ・下手な えを もらった。 서툰 그림을 받았다.

_____ 。

1 2 3 ・かれは うそが 下手です。 그는 거짓말을 못합니다.

> へただ 앞에 오는 목적어에는
> 목적격조사인 을 대신 가를 씁니다.

_____ 。

1 2 3 ・りゅうがくする まえは にほんごが 下手でした。
유학하기 전에는 일본어를 못했습니다.

_____ 。

1 2 3 ・むかしは ゴルフが 下手だった。 옛날에는 골프를 못했다.

_____ 。

1 2 3 ・サッカーは 下手ですが、やきゅうは 下手じゃありません。
축구는 서툴지만 야구는 못하지 않습니다.

_____ 。

1 2 3 ・かのじょの イラストは 下手じゃありませんでした。
그녀의 일러스트는 서툴지 않았습니다.

_____ 。

1 2 3 ・その はいゆうの えんぎは 下手じゃない。 그 배우의 연기는 서툴지 않다.

_____ 。

1 2 3 ・こばやしさんは うたが 下手じゃなかった。
고바야시 씨는 노래를 못하지 않았다.

_____ 。

1 2 3 ・せつめいが 下手で すみません。 설명을 못해서 미안합니다.

_____ 。

1 2 3 ・ダンスが 下手に なりました。 춤을 잘 못 추게 되었습니다.

_____ 。

へんだ 이상하다

へ|ん|だ

해석을 보고 형용사 「へんだ」를 알맞은 형태로 활용하여 빈칸에 적어 봅시다.

・この のみものは ＿＿＿＿＿ あじが します。
　　　　　　　　　　　이상한

・さいきんの てんきは ちょっと ＿＿＿＿＿＿。
　　　　　　　　　　　　　　　　　이상합니다

・きのうの むらたさんは どこか ＿＿＿＿＿＿。
　　　　　　　　　　　　　　　　　이상했습니다

・かれの こうどうは ＿＿＿＿＿＿。
　　　　　　　　　　이상했다

・あたらしい かみがたは ぜんぜん ＿＿＿＿＿＿＿＿＿。
　　　　　　　　　　　　　　　　　　이상하지 않습니다

・けさの かれの ようすは まったく ＿＿＿＿＿＿＿＿
　　　　　　　　　　　　　　　　　　이상하지 않았습니다

＿＿＿＿＿＿。

・なにが おこっても ＿＿＿＿＿＿。
　　　　　　　　　　　이상하지 않다

・かのじょの はなしは すこしも ＿＿＿＿＿＿＿＿＿。
　　　　　　　　　　　　　　　　　이상하지 않았다

🐱 **새 단어**

のみもの 음료, 마실 것	**あじが します** 맛이 납니다	**さいきん** 최근, 요즘
てんき 날씨	**ちょっと** 좀, 조금	**どこか** 어딘가
こうどう 행동	**あたらしい** 새롭다	**ようす** 모양, 상태
まったく 전혀	**なに** 무엇	**おこっても** 일어나도
はなし 이야기	**すこしも** 조금도	

変だ 이상하다

또박또박 세 번씩 읽고 예쁘게 따라 써 봅시다.

- この のみものは 変な あじが します。 이 음료수는 이상한 맛이 납니다.

_____

- さいきんの てんきは ちょっと 変です。 요즘 날씨는 좀 이상합니다.

_____

- きのうの むらたさんは どこか 変でした。
어제 무라타 씨는 어딘가 이상했습니다.

_____

- かれの こうどうは 変だった。 그의 행동은 이상했다.

_____

- あたらしい かみがたは ぜんぜん 変じゃありません。
새로운 헤어스타일은 전혀 이상하지 않습니다.

_____

- けさの かれの ようすは まったく 変じゃありませんでした。
오늘 아침 그의 모습은 전혀 이상하지 않았습니다.

_____

- なにが おこっても 変じゃない。 무슨 일이 일어나도 이상하지 않다.

_____

- かのじょの はなしは すこしも 変じゃなかった。
그녀의 이야기는 조금도 이상하지 않았다.

_____

べんりだ 편리하다

べんりだ

해석을 보고 형용사「べんりだ」를 알맞은 형태로 활용하여 빈칸에 적어 봅시다.

· ＿＿＿＿＿＿　じだいに　なりました。
　　편리한

· この　みちでは　くるまより　じてんしゃが　＿＿＿＿＿＿＿。
　　　　　　　　　　　　　　　　　　　　편리합니다

· へやに　でんしレンジが　あって　＿＿＿＿＿＿＿。
　　　　　　　　　　　　　　　편리했습니다

· りょこうちゅう、この　バッグは　とても　＿＿＿＿＿＿＿。
　　　　　　　　　　　　　　　　　　　편리했다

· この　サービスは　＿＿＿＿＿＿＿。
　　　　　　　　　편리하지 않습니다

· かれの　はつめいひんは　＿＿＿＿＿＿＿。
　　　　　　　　　　　　편리하지 않았습니다

· この　アプリは　＿＿＿＿＿＿＿。
　　　　　　　편리하지 않다

· あたらしい　きのうは　あまり　＿＿＿＿＿＿＿。
　　　　　　　　　　　　　　편리하지 않았다

· ＿＿＿＿＿＿　あんぜんな　しょうひんです。
　　편리하고

· むかしよりも　せいかつが　＿＿＿＿＿　なりました。
　　　　　　　　　　　　　편리하게

새 단어

じだい 시대	～に なりました ～이/가 되었습니다	みち 길
じてんしゃ 자전거	でんしレンジ 전자레인지	あって (식물·사물 등이) 있어서
りょこうちゅう 여행중	バッグ 가방	サービス 서비스
はつめいひん 발명품	アプリ 앱, 어플리케이션	きのう 기능
あんぜんだ 안전하다	しょうひん 상품	せいかつ 생활

便利だ 편리하다

MP3 26

또박또박 세 번씩 읽고 예쁘게 따라 써 봅시다.

1 2 3
・便利な じだいに なりました。 편리한 시대가 되었습니다.

1 2 3
・この みちでは くるまより じてんしゃが 便利です。
이 길에서는 자동차보다 자전거가 편리합니다.

1 2 3
・へやに でんしレンジが あって 便利でした。
방에 전자레인지가 있어서 편리했습니다.

1 2 3
・りょこうちゅう、この バッグは とても 便利だった。
여행중 이 가방은 무척 편리했다.

1 2 3
・この サービスは 便利じゃありません。 이 서비스는 편리하지 않습니다.

1 2 3
・かれの はつめいひんは 便利じゃありませんでした。
그의 발명품은 편리하지 않았습니다.

1 2 3
・この アプリは 便利じゃない。 이 앱은 편리하지 않다.

1 2 3
・あたらしい きのうは あまり 便利じゃなかった。
새로운 기능은 그다지 편리하지 않았다.

1 2 3
・便利で あんぜんな しょうひんです。 편리하고 안전한 상품입니다.

1 2 3
・むかしよりも せいかつが 便利に なりました。
옛날보다도 생활이 편리해졌습니다.

74

まじめだ 성실하다

ま　じ　め　だ

해석을 보고 형용사 「まじめだ」를 알맞은 형태로 활용하여 빈칸에 적어 봅시다.

- もりさんは ＿＿＿＿＿ せいかくです。
  성실한

- あには とても ＿＿＿＿＿。
  성실합니다

- ちちは いつも ＿＿＿＿＿。
  성실했습니다

- こうこうまでは ＿＿＿＿＿。
  성실했다

- わたしは そんなに ＿＿＿＿＿。
  성실하지 않습니다

- むかしは ＿＿＿＿＿。
  성실하지 않았습니다

- よしださんは おもったよりも ＿＿＿＿＿。
  성실하지 않다

- がくせいの とき、あまり ＿＿＿＿＿。
  성실하지 않았다

- かのじょは ＿＿＿＿＿ やさしい ひとです。
  성실하고

- ＿＿＿＿＿ しごとを する。
  성실하게

🐱 **새 단어**

せいかく 성격	こうこう 고등학교	～までは ～까지는
おもったよりも 생각한 것보다도	する 하다	

真面目だ 성실하다
まじめ

또박또박 세 번씩 읽고 예쁘게 따라 써 봅시다.

- もりさんは 真面目な せいかくです。 모리 씨는 성실한 성격입니다.
　　　　　　　　まじめ

- あには とても 真面目です。 오빠는 무척 성실합니다.
　　　　　　　まじめ

- ちちは いつも 真面目でした。 아빠는 언제나 성실했습니다.
　　　　　　　まじめ

- こうこうまでは 真面目だった。 고등학교까지는 성실했다.
　　　　　　　　まじめ

- わたしは そんなに 真面目じゃありません。
　　　　　　　　　　まじめ
  나는 그렇게 성실하지 않습니다.

- むかしは 真面目じゃありませんでした。 옛날에는 성실하지 않았습니다.
　　　　まじめ

- よしださんは おもったよりも 真面目じゃない。
　　　　　　　　　　　　　まじめ
  요시다 씨는 생각한 것보다도 성실하지 않다.

- がくせいの とき、あまり 真面目じゃなかった。
　　　　　　　　　　　　まじめ
  학생 때 그다지 성실하지 않았다.

- かのじょは 真面目で やさしい ひとです。
　　　　　まじめ
  그녀는 성실하고 상냥한 사람입니다.

- 真面目に しごとを する。 성실하게 일을 한다.
  まじめ

76

ゆうめいだ 유명하다

ゆうめいだ

해석을 보고 형용사 「ゆうめいだ」를 알맞은 형태로 활용하여 빈칸에 적어 봅시다.

・むらかみさんは ＿＿＿＿＿＿ かしゅです。
　　　　　　　　　유명한

・その サッカーせんしゅは がいこくでも ＿＿＿＿＿＿。
　　　　　　　　　　　　　　　　　　유명합니다

・かのじょは ちいさい ときから ＿＿＿＿＿＿。
　　　　　　　　　　　　　　　유명했습니다

・その はいゆうは むかしは ＿＿＿＿＿＿。
　　　　　　　　　　　　　유명했다

・その えいがは ＿＿＿＿＿＿。
　　　　　　유명하지 않습니다

・かれの しょうせつは あまり ＿＿＿＿＿＿
　　　　　　　　　　　　　유명하지 않았습니다

＿＿＿＿＿＿。

・かんこくでは あまり ＿＿＿＿＿＿。
　　　　　　　　　유명하지 않다

・じゅうねんまえは まだ ＿＿＿＿＿＿。
　　　　　　　　　　유명하지 않았다

・その はなしは ＿＿＿＿＿＿、みんなが しって いる。
　　　　　　　유명해서

・テレビに でて ＿＿＿＿＿＿ なりました。
　　　　　　　유명하게

🐱 **새 단어**

かしゅ 가수	せんしゅ 선수	がいこく 외국
～でも ～에서도	ちいさい とき 어릴 때	えいが 영화
しょうせつ 소설	かんこく 한국	じゅうねん 10년
しって いる 알고 있다	でて 나오(가)고, 나와(가)서	

有名だ _{ゆうめい} 유명하다

또박또박 세 번씩 읽고 예쁘게 따라 써 봅시다.

・むらかみさんは 有名な かしゅです。 무라카미 씨는 유명한 가수입니다.

_____

・その サッカーせんしゅは がいこくでも 有名です。
그 축구 선수는 외국에서도 유명합니다.

_____

・かのじょは ちいさいときから 有名でした。
그녀는 어릴 때부터 유명했습니다.

_____

・その はいゆうは むかしは 有名だった。 그 배우는 옛날에는 유명했다.

_____

・その えいがは 有名じゃありません。 그 영화는 유명하지 않습니다.

_____

・かれの しょうせつは あまり 有名じゃありませんでした。
그의 소설은 그다지 유명하지 않았습니다.

_____

・かんこくでは あまり 有名じゃない。 한국에서는 그다지 유명하지 않다.

_____

・じゅうねんまえは まだ 有名じゃなかった。
10년 전에는 아직 유명하지 않았다.

_____

・その はなしは 有名で、みんなが しって いる。
그 이야기는 유명해서 모두가 알고 있다.

_____

・テレビに でて 有名に なりました。 텔레비전에 나와서 유명해졌습니다.

_____

らくだ 편안하다, 쉽다

ら	く	だ									

해석을 보고 형용사 「らくだ」를 알맞은 형태로 활용하여 빈칸에 적어 봅시다.

・_____ しごとが したい。
　　쉬운

・たけうちせんせいの じゅぎょうは いつも _____。
　　　　　　　　　　　　　　　　　　　　　쉽습니다

・かのじょが いっしょで とても _____。
　　　　　　　　　　　　　　편안했습니다

・きのうの アルバイトは _____。
　　　　　　　　　　　　쉬웠다

・ごうかくするのは _____。
　　　　　　　　　쉽지 않습니다

・この かいしゃに はいるのは _____。
　　　　　　　　　　　　　　쉽지 않았습니다

_____。

・がくせいは _____。
　　　　　　편안하지 않다

・しけんべんきょうは _____。
　　　　　　　　　　쉽지 않았다

・この しごとは _____、きゅうりょうが たかいです。
　　　　　　　　쉽고

・きもちが _____ なりました。
　　　　　편안하게

새 단어

いっしょで 함께여서　　　　ごうかくする 합격하다　　　はいる 들어오(가)다
しけんべんきょう 시험 공부　きゅうりょう 급료　　　　たかいです 높습니다, 비쌉니다
きもち 기분, 마음

楽だ 편안하다, 쉽다

또박또박 세 번씩 읽고 예쁘게 따라 써 봅시다.

・楽な しごとが したい。 쉬운 일을 하고 싶다.

_____ 。

・たけうちせんせいの じゅぎょうは いつも 楽です。
다케우치 선생님의 수업은 늘 쉽습니다.

_____ 。

・かのじょが いっしょで とても 楽でした。
그녀가 함께여서 무척 편안했습니다.

_____ 。

・きのうの アルバイトは 楽だった。 어제 아르바이트는 쉬웠다.

_____ 。

・ごうかくするのは 楽じゃありません。 합격하는 것은 쉽지 않습니다.

_____ 。

・この かいしゃに はいるのは 楽じゃありませんでした。
이 회사에 들어오는 것은 쉽지 않았습니다.

_____ 。

・がくせいは 楽じゃない。 학생은 편안하지 않다.

_____ 。

・しけんべんきょうは 楽じゃなかった。 시험 공부는 쉽지 않았다.

_____ 。

・この しごとは 楽で、 きゅうりょうが たかいです。
이 일은 쉽고 급료가 높습니다.

_____ 。

・きもちが 楽に なりました。 마음이 편안해졌습니다.

_____ 。

PART 3

일본어 い형용사 알아보기

い형용사 기초 활용법

い형용사란 기본형의 어미가 い로 끝나는 형용사를 말한다.
뒤에 오는 명사를 수식할 때 어미가 바뀌는 な형용사와 달리 사전형 그대로 명사를 수식한다.

1 명사 수식형

い형용사는 な형용사와 달리 명사를 수식할 때 형태가 바뀌지 않는다.

> おいしい 맛있다 → おいしい 맛있는

2 です

1 만들기

い형용사에 です를 붙이기만 하면 된다.

> おいしい 맛있다 → おいしい + です 성실합니다

2 의미

① ～です: ～(합)니다
　'～(합)니다'라는 정중한 표현이다.

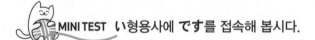 **MINI TEST** い형용사에 です를 접속해 봅시다.

① かわいい 귀엽다　かわいいです

② うるさい 시끄럽다　_____

③ あさい 얕다　_____

④ うつくしい 아름답다　_____

⑤ つまらない 재미없다, 지루하다　_____

⑥ すっぱい 시다　_____

⑦ おそい 느리다　_____

⑧ はやい _{빠르다} _____

⑨ むしあつい _{무덥다, 후덥지근하다} _____

⑩ すばらしい _{멋지다, 훌륭하다} _____

3 かった・かったです

1 만들기

어미 い를 없애고 그 자리에 각 「かった・かったです」를 붙인다.

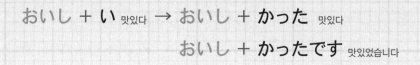

おいし ＋ い _{맛있다} → おいし ＋ かった _{맛있다}

おいし ＋ かったです _{맛있었습니다}

> TIP 「いい・よい(좋다)」 는 어미를 변화시켜 활용할 때 いい가 아니라 よい에서만 가능하다.

2 의미

① **かった: ～(했)다**
'～(했)다'라는 과거를 나타내는 표현이다.

② **～かったです: ～(했)습니다**
い형용사를 과거형으로 만들어 주는 かった에 정중을 나타내는 です를 붙인다.
'～(했)습니다'라는 과거의 부정을 나타내는 정중한 표현이 된다.

MINI TEST い형용사에 **かった**와 **かったです**를 접속해 봅시다.

① かわいい _{귀엽다} かわいかった かわいかったです

② ふかい _{깊다} _____

③ こわい _{무섭다} _____

④ あさい _{얕다} _____

⑤ まずい _{맛이 없다} _____

⑥ すごい _{굉장하다, 엄청나다} _____

⑦ つらい _{괴롭다} _____

⑧ ふとい 굵다 _____

⑨ ほそい 얇다, 가늘다 _____

⑩ きたない 더럽다 _____

4 くありません・くありませんでした

1 만들기

어미 い를 없애고 그 자리에 각 「くありません・くありませんでした」를 붙인다.

おいし ＋ い 맛있다 → おいし ＋ くありません 맛있지 않습니다

おいし ＋ くありませんでした
맛있지 않았습니다

2 의미

① **～くありません: ～(하)지 않습니다**

'～(하)지 않습니다'라는 부정을 나타내는 정중한 표현이다.
く 뒤에 오는 ありません을 ないです로 바꾸어, 「～くありません」 대신 「～くないです」라고
도 할 수 있다.

② **～くありませんでした: ～(하)지 않았습니다**

'～(하)지 않습니다'라는 과거의 부정을 나타내는 정중한 표현이다.
く 뒤에 오는 ありませんでした를 なかったです로 바꾸어, 「～くありませんでした」 대신
「～くなかったです」라고도 할 수 있다.

① かわいい 귀엽다　かわいくありません

② うるさい 시끄럽다

③ ちかい 가깝다

④ うつくしい 아름답다

⑤ つまらない 재미없다, 지루하다

⑥ すっぱい 시다

⑦ おそい 느리다

⑧ はやい 빠르다

⑨ しろい 하얗다

⑩ くろい 검다

① かわいい 귀엽다　かわいくありませんでした

② むしあつい 무덥다, 후덥지근하다

③ こわい 무섭다

④ すばらしい 멋지다, 훌륭하다

⑤ まずい 맛이 없다

⑥ すごい 굉장하다, 엄청나다

⑦ きたない 더럽다

⑧ ふとい 굵다

⑨ ほそい 얇다, 가늘다

⑩ あおい 파랗다

5 くない・くなかった

1 만들기

어미 い를 떼고, 각 「くない・くなかった」를 붙인다.

おいし ＋ い 맛있다 → おいし ＋ くない 맛있지 않다

おいし ＋ くなかった 맛있지 않았다

2 의미

① ～くない: ～(하)지 않다

'～(하)지 않다'라는 부정을 나타내는 표현이다.

② ～くなかった: ～(하)지 않았다

'～(하)지 않았다'라는 과거 부정을 나타내는 표현이다.

MINI TEST い형용사에 **くない**와 **くなかった**를 접속해 봅시다.

① かわいい 귀엽다　かわいくない　かわいくなかった

② うるさい 시끄럽다　＿＿＿＿＿＿＿＿＿＿　＿＿＿＿＿＿＿＿＿＿

③ ちかい 가깝다　＿＿＿＿＿＿＿＿＿＿　＿＿＿＿＿＿＿＿＿＿

④ うつくしい 아름답다　＿＿＿＿＿＿＿＿＿＿　＿＿＿＿＿＿＿＿＿＿

⑤ ふかい 깊다　＿＿＿＿＿＿＿＿＿＿　＿＿＿＿＿＿＿＿＿＿

⑥ きたない 더럽다　＿＿＿＿＿＿＿＿＿＿　＿＿＿＿＿＿＿＿＿＿

⑦ おそい 느리다　＿＿＿＿＿＿＿＿＿＿　＿＿＿＿＿＿＿＿＿＿

⑧ はやい 빠르다　＿＿＿＿＿＿＿＿＿＿　＿＿＿＿＿＿＿＿＿＿

⑨ しろい 하얗다　＿＿＿＿＿＿＿＿＿＿　＿＿＿＿＿＿＿＿＿＿

⑩ くろい 검다　＿＿＿＿＿＿＿＿＿＿　＿＿＿＿＿＿＿＿＿＿

6 くて・く

1 만들기

어미 い를 떼고, 각 「くて・く」를 붙인다.

おいし ＋ い 맛있다 → おいし ＋ くて 맛있고, 맛있어서

おいし ＋ く 맛있게

2 의미

① ~くて: ~(하)고, ~(해)서

'~(하)고, ~(해)서'라는 의미이며, 문장의 중지, 열거, 원인 등을 나타낸다.

② ~く: ~(하)게

'~(하)게'라는 의미가 되어 동사나 형용사를 수식한다.

3 응용

① ~く なる: ~(해)지다

~く なります: ~(해)집니다

~く なりました: ~(해)졌습니다

'되다'라는 의미의 동사 なる 앞에 부사형으로 쓰여 변화를 나타낸다.

MINI TEST い형용사에 くて와 く를 접속해 봅시다.

① かわいい 귀엽다 <u>かわいくて</u> <u>かわいく</u>

② うるさい 시끄럽다 _____ _____

③ ちかい 가깝다 _____ _____

④ うつくしい 아름답다 _____ _____

⑤ つまらない 재미없다, 지루하다 _____ _____

⑥ すごい 굉장하다, 엄청나다 _____ _____

⑦ おそい 느리다 _____ _____

⑧ くろい 검다 ___ ___ ___ ___ ___

⑨ しろい 하얗다 ___ ___ ___ ___ ___

⑩ あおい 파랗다 ___ ___ ___ ___ ___

あかい 빨갛다

| あ | か | い | | | | | | | | | |

해석을 보고 형용사 「あかい」를 알맞은 형태로 활용하여 빈칸에 적어 봅시다.

· _____ はなが さいた。
　　빨간

· さむくて はなが _____。
　　　　　　　　　빨갛습니다

· きのうの そらは _____。
　　　　　　　　빨갰다

· あかちゃんの ほっぺたは _____。
　　　　　　　　　　　빨갰습니다

· この リンゴは _____。
　　　　　　　빨갛지 않습니다

· イチゴは まだ _____。
　　　　　　　빨갛지 않았습니다

· この くだものは _____。
　　　　　　　빨갛지 않다

· はたけの トマトは まだ _____。
　　　　　　　　　　빨갛지 않았다

· この サクランボは _____ あまい。
　　　　　　　　빨갛고

· おさけを のむと かおが _____ なります。
　　　　　　　　　　　빨갛게

새 단어

さいた (꽃이) 피었다	さむい 춥다	はな 코
そら 하늘	あかちゃん 아기	ほっぺた 볼, 뺨
リンゴ 사과	イチゴ 딸기	くだもの 과일
はたけ 밭	トマト 토마토	サクランボ 체리
のむと 마시면		

赤い 빨갛다

· 赤い はなが さいた。 빨간 꽃이 피었다.

_____。

· さむくて はなが 赤いです。 추워서 코가 빨갛습니다.

_____。

· きのうの そらは 赤かった。 어제 하늘은 빨갰다.

_____。

· あかちゃんの ほっぺたは 赤かったです。 아기의 볼은 빨갰습니다.

_____。

· この リンゴは 赤くありません。 이 사과는 빨갛지 않습니다.

_____。

· イチゴは まだ 赤くありませんでした。 딸기는 아직 빨갛지 않았습니다.

_____。

· この くだものは 赤くない。 이 과일은 빨갛지 않다.

_____。

· はたけの トマトは まだ 赤くなかった。
밭의 토마토는 아직 빨갛지 않았다.

_____。

· この サクランボは 赤くて あまい。 이 체리는 빨갛고 달다.

_____。

· おさけを のむと かおが 赤く なります。
술을 마시면 얼굴이 빨개집니다.

_____。

あかるい 밝다

학습일 /

あ	か	る	い								

해석을 보고 형용사 「あかるい」를 알맞은 형태로 활용하여 빈칸에 적어 봅시다.

· あねは ＿＿＿＿＿ せいかくだ。
　　　　　밝은

· そとは まだ ＿＿＿＿＿＿。
　　　　　　　밝습니다

· きのうの つきは とても ＿＿＿＿＿＿。
　　　　　　　　　　　　밝았다

· こうこうじだいは かみの いろが ＿＿＿＿＿＿＿＿。
　　　　　　　　　　　　　　　　　　밝았습니다

· この みちは よる、あまり ＿＿＿＿＿＿＿＿。
　　　　　　　　　　　　　　밝지 않습니다

· やまのさんの ひょうじょうは ＿＿＿＿＿＿＿＿
　　　　　　　　　　　　　　　　　　밝지 않았습니다

＿＿＿＿＿。

· この へやは ＿＿＿＿＿＿。
　　　　　　　밝지 않다

· はらださんの こえは あまり ＿＿＿＿＿＿＿＿。
　　　　　　　　　　　　　　　　밝지 않았다

· さとうさんは いつも ＿＿＿＿＿ げんきです。
　　　　　　　　　　　　밝고

· そらが ＿＿＿＿＿ なって きました。
　　　　　밝아

새 단어

そと 밖, 바깥　　　　つき 달　　　　こうこうじだい 고등학교 시절
かみ 머리카락　　　ひょうじょう 표정　　こえ 목소리
なって きました 되어 왔습니다〈변화〉, ～(해)졌습니다

明るい 밝다

또박또박 세 번씩 읽고 예쁘게 따라 써 봅시다.

- あねは 明るい せいかくだ。 언니는 밝은 성격이다.

- そとは まだ 明るいです。 바깥은 아직 밝습니다.

- きのうの つきは とても 明るかった。 어제 달은 무척 밝았다.

- こうこうじだいは かみの いろが 明るかったです。
  고등학교 시절에는 머리카락의 색깔이 밝았습니다.

- この みちは よる、あまり 明るくありません。
  이 길은 밤에 그다지 밝지 않습니다.

- やまのさんの ひょうじょうは 明るくありませんでした。
  야마노 씨의 표정은 밝지 않았습니다.

- この へやは 明るくない。 이 방은 밝지 않다.

- はらださんの こえは あまり 明るくなかった。
  하라다 씨의 목소리는 그다지 밝지 않았다.

- さとうさんは いつも 明るくて げんきです。
  사토 씨는 항상 밝고 활기찹니다.

- そらが 明るく なって きました。 하늘이 밝아졌습니다.

あたたかい 따뜻하다

| あ | た | た | か | い | | | | | | | | | |

해석을 보고 형용사 「あたたかい」를 알맞은 형태로 활용하여 빈칸에 적어 봅시다.

· _____ くにに いきたい。
　　　　　따뜻한

· この セーターは _____。
　　　　　　　　　따뜻합니다

· きょねんの ふゆは _____。
　　　　　　　　　　따뜻했다

· みせの なかは _____。
　　　　　　　　따뜻했습니다

· ことしの はるは _____。
　　　　　　　　　따뜻하지 않습니다

· きのうは _____。
　　　　　따뜻하지 않았습니다

· わたしの いえは あまり _____。
　　　　　　　　　　　　따뜻하지 않다

· きのう かった てぶくろは あまり _____。
　　　　　　　　　　　　　　　　　따뜻하지 않았다

· この コートは _____ かるい。
　　　　　　　　따뜻하고

· ちきゅうは だんだん _____ なって います。
　　　　　　　　　　　　따뜻하게

暖かい 따뜻하다
あたた

또박또박 세 번씩 읽고 예쁘게 따라 써 봅시다.

1 2 3 ・暖かい くにに いきたい。 따뜻한 나라에 가고 싶다.
あたた

_____ 。

1 2 3 ・この セーターは 暖かいです。 이 스웨터는 따뜻합니다.
あたた

_____ 。

1 2 3 ・きょねんの ふゆは 暖かかった。 작년 겨울은 따뜻했다.
あたた

_____ 。

1 2 3 ・みせの なかは 暖かかったです。 가게 안은 따뜻했습니다.
あたた

_____ 。

1 2 3 ・ことしの はるは 暖かくありません。 올해 봄은 따뜻하지 않습니다.
あたた

_____ 。

1 2 3 ・きのうは 暖かくありませんでした。 어제는 따뜻하지 않았습니다.
あたた

_____ 。

1 2 3 ・わたしの いえは あまり 暖かくない。 우리집은 그다지 따뜻하지 않다.
あたた

_____ 。

1 2 3 ・きのう かった てぶくろは あまり 暖かくなかった。
あたた
어제 산 장갑은 그다지 따뜻하지 않았다.

_____ 。

1 2 3 ・この コートは 暖かくて かるい。 이 코트는 따뜻하고 가볍다.
あたた

_____ 。

1 2 3 ・ちきゅうは だんだん 暖かく なって います。
あたた
지구는 점점 따뜻해지고 있습니다.

_____ 。

あたらしい 새롭다

あ	た	ら	し	い								

해석을 보고 형용사 「あたらしい」를 알맞은 형태로 활용하여 빈칸에 적어 봅시다.

- ＿＿＿＿＿＿＿＿ しごとを はじめる。
  새로운

- その テレビは ＿＿＿＿＿＿＿＿＿＿。
  새롭습니다

- こわれた ケータイは まだ ＿＿＿＿＿＿＿＿＿＿＿＿。
  새로웠다

- とまった ホテルは ＿＿＿＿＿＿＿＿＿＿＿。
  새로웠습니다

- この れいぞうこは ＿＿＿＿＿＿＿＿＿＿＿＿。
  새롭지 않습니다

- かれの アイディアは あまり ＿＿＿＿＿＿＿＿＿＿＿＿
  새롭지 않았습니다

  ＿＿＿＿。

- この パソコンは ＿＿＿＿＿＿＿＿＿＿。
  새롭지 않다

- その じょうほうは ＿＿＿＿＿＿＿＿＿＿＿＿。
  새롭지 않았다

- この いえは ＿＿＿＿＿＿＿＿ きれいだ。
  새롭고

- かいしゃの なまえが ＿＿＿＿＿＿＿＿ なりました。
  새로워지게

새 단어

はじめる 시작하다	**ケータイ** 휴대전화	**とまった** 머물렀다
れいぞうこ 냉장고	**アイディア** 아이디어	**じょうほう** 정보

<ruby>新<rt>あたら</rt></ruby>しい 새롭다

또박또박 세 번씩 읽고 예쁘게 따라 써 봅시다.

- <ruby>新<rt>あたら</rt></ruby>しい しごとを はじめる。 새로운 일을 시작한다.
  _____ 。

- その テレビは <ruby>新<rt>あたら</rt></ruby>しいです。 그 텔레비전은 새것입니다.
  _____ 。

- こわれた ケータイは まだ <ruby>新<rt>あたら</rt></ruby>しかった。
  망가진 휴대전화는 아직 새것이었다.
  _____ 。

- とまった ホテルは <ruby>新<rt>あたら</rt></ruby>しかったです。 머문 호텔은 새로웠습니다.
  _____ 。

- この れいぞうこは <ruby>新<rt>あたら</rt></ruby>しくありません。 이 냉장고는 새것이 아닙니다.
  _____ 。

- かれの アイディアは あまり <ruby>新<rt>あたら</rt></ruby>しくありませんでした。
  그의 아이디어는 그다지 새롭지 않았습니다.
  _____ 。

- この パソコンは <ruby>新<rt>あたら</rt></ruby>しくない。 이 컴퓨터는 새것이 아니다.
  _____ 。

- その じょうほうは <ruby>新<rt>あたら</rt></ruby>しくなかった。 그 정보는 새롭지 않았다.
  _____ 。

- この いえは <ruby>新<rt>あたら</rt></ruby>しくて きれいだ。 이 집은 새롭고 깨끗하다.
  _____ 。

- かいしゃの なまえが <ruby>新<rt>あたら</rt></ruby>しく なりました。 회사 이름이 새로워졌습니다.
  _____ 。

あつい 덥다 / 뜨겁다 / 두껍다

あ	つ	い										

해석을 보고 형용사 「あつい」를 알맞은 형태로 활용하여 빈칸에 적어 봅시다.

- _____ コーヒーが のみたい。
  뜨거운

- かれは ともだちからの しんらいが _____。
  두껍습니다

- サウナの なかは _____。
  더웠다

- その チームの おうえんは とても _____。
  뜨거웠습니다

- この おちゃは ぜんぜん _____。
  뜨겁지 않습니다

- パーティーの りょうりは _____。
  뜨겁지 않았습니다

- きょうは きのうより _____。
  덥지 않다

- その スープは あまり _____。
  뜨겁지 않았다

- とても _____ しにそうです。
  더워서

- _____ なるまで まって ください。
  뜨겁게

새 단어

コーヒー 커피	**のみたい** 마시고 싶다	**〜からの** 〜부터의
しんらい 신뢰	**サウナ** 사우나	**チーム** 팀
おうえん 응원	**おちゃ** 차	**スープ** 수프, 국물
しにそうです 죽을 것 같습니다	**なるまで** 될 때까지, 〜(해)질 때까지	**まって ください** 기다려 주세요

暑い 덥다 熱い 뜨겁다 厚い 두껍다

또박또박 세 번씩 읽고 예쁘게 따라 써 봅시다.

- 熱い コーヒーが のみたい。 뜨거운 커피를 마시고 싶다.

   _____ 。

- かれは ともだちからの しんらいが 厚いです。
   그는 친구로부터의 신뢰가 두텁습니다.

   _____ 。

- サウナの なかは 暑かった。 사우나 안은 더웠다.

   _____ 。

- その チームの おうえんは とても 熱かったです。
   그 팀의 응원은 무척 뜨거웠습니다.

   _____ 。

- この おちゃは ぜんぜん 熱くありません。 이 차는 전혀 뜨겁지 않습니다.

   _____ 。

- パーティーの りょうりは 熱くありませんでした。
   파티 요리는 뜨겁지 않았습니다.

   _____ 。

- きょうは きのうより 暑くない。 오늘은 어제보다 덥지 않다.

   _____ 。

- その スープは あまり 熱くなかった。 그 스프는 그다지 뜨겁지 않았다.

   _____ 。

- とても 暑くて しにそうです。 몹시 더워서 죽을 것 같습니다.

   _____ 。

- 熱く なるまで まって ください。 뜨거워질 때까지 기다려 주세요.

   _____ 。

あぶない 위험하다

あ	ぶ	な	い							

해석을 보고 형용사 「あぶない」를 알맞은 형태로 활용하여 빈칸에 적어 봅시다.

· ＿＿＿＿＿ はしを わたる。
　　　위험한

· この みちは ＿＿＿＿＿。
　　　　　　위험합니다

· いのちが ＿＿＿＿＿。
　　　　　위험했다

· かれの うんてんは ＿＿＿＿＿。
　　　　　　　　위험했습니다

· この ちいきは ＿＿＿＿＿。
　　　　　　위험하지 않습니다

· ひとりでも ＿＿＿＿＿。
　　　　　　위험하지 않았습니다

· よるでも ＿＿＿＿＿。
　　　　위험하지 않다

· むかしは この まちは ぜんぜん ＿＿＿＿＿。
　　　　　　　　　　위험하지 않았다

· ここでは ＿＿＿＿＿ あそべません。
　　　　위험해서

· たちばが ＿＿＿＿＿ なりました。
　　　위험하게

🐱 **새 단어**

はし 다리	わたる 건너다	いのち 목숨, 생명
〜でも 〜에도, 〜이어도	ちいき 지역	あそべません 못 놉니다
たちば 입장		

<ruby>危<rt>あぶ</rt></ruby>ない 위험하다

또박또박 세 번씩 읽고 예쁘게 따라 써 봅시다.

・<ruby>危<rt>あぶ</rt></ruby>ない　はしを　わたる。 위험한 다리를 건넌다.

_____。

・この　みちは　<ruby>危<rt>あぶ</rt></ruby>ないです。 이 길은 위험합니다.

_____。

・いのちが　<ruby>危<rt>あぶ</rt></ruby>なかった。 목숨이 위험했다.

_____。

・かれの　うんてんは　<ruby>危<rt>あぶ</rt></ruby>なかったです。 그의 운전은 위험했습니다.

_____。

・この　ちいきは　<ruby>危<rt>あぶ</rt></ruby>なくありません。 이 지역은 위험하지 않습니다.

_____。

・ひとりでも　<ruby>危<rt>あぶ</rt></ruby>なくありませんでした。 혼자여도 위험하지 않았습니다.

_____。

・よるでも　<ruby>危<rt>あぶ</rt></ruby>なくない。 밤에도 위험하지 않다.

_____。

・むかしは　この　まちは　ぜんぜん　<ruby>危<rt>あぶ</rt></ruby>なくなかった。
옛날에는 이 마을은 전혀 위험하지 않았다.

_____。

・ここでは　<ruby>危<rt>あぶ</rt></ruby>なくて　あそべません。 이곳에서는 위험해서 놀 수 없습니다.

_____。

・たちばが　<ruby>危<rt>あぶ</rt></ruby>なく　なりました。 입장이 위험해졌습니다.

_____。

あまい 달다

あ	ま	い									

해석을 보고 형용사 「あまい」를 알맞은 형태로 활용하여 빈칸에 적어 봅시다.

· _____ ものが たべたい.
　　　　단

· チョコレートは _____ 。
　　　　　　　　　　답니다

· マカロンは かなり _____ 。
　　　　　　　　　　　　달았다

· その みせの コーヒーは _____ 。
　　　　　　　　　　　　　　달았습니다

· この イチゴは _____ 。
　　　　　　　　　달지 않습니다

· その ジャムは あまり _____ 。
　　　　　　　　　　　　달지 않았습니다

· ことしの リンゴは あまり _____ 。
　　　　　　　　　　　　　　달지 않다

· その おさけは _____ 。
　　　　　　　　　달지 않았다

· メロンは _____ おいしい.
　　　　　달고

· さとうを いれると _____ なります.
　　　　　　　　　　　달게

새 단어

たべたい 먹고 싶다	チョコレート 초콜릿	マカロン 마카롱
かなり 꽤, 제법	ジャム 잼	メロン 멜론
いれると 넣으면		

<ruby>甘<rt>あま</rt></ruby>い 달다

또박또박 세 번씩 읽고 예쁘게 따라 써 봅시다.

・<ruby>甘<rt>あま</rt></ruby>い ものが たべたい。 단 것을 먹고 싶다.

_____ 。

・チョコレートは <ruby>甘<rt>あま</rt></ruby>いです。 초콜릿은 답니다.

_____ 。

・マカロンは かなり <ruby>甘<rt>あま</rt></ruby>かった。 마카롱은 꽤 달았다.

_____ 。

・その みせの コーヒーは <ruby>甘<rt>あま</rt></ruby>かったです。 그 가게의 커피는 달았습니다.

_____ 。

・この イチゴは <ruby>甘<rt>あま</rt></ruby>くありません。 이 딸기는 달지 않습니다.

_____ 。

・その ジャムは あまり <ruby>甘<rt>あま</rt></ruby>くありませんでした。

그 잼은 그다지 달지 않았습니다.

_____ 。

・ことしの リンゴは あまり <ruby>甘<rt>あま</rt></ruby>くない。 올해 사과는 그다지 달지 않다.

_____ 。

・その おさけは <ruby>甘<rt>あま</rt></ruby>くなかった。 그 술은 달지 않았다.

_____ 。

・メロンは <ruby>甘<rt>あま</rt></ruby>くて おいしい。 멜론은 달고 맛있다.

_____ 。

・さとうを いれると <ruby>甘<rt>あま</rt></ruby>く なります。 설탕을 넣으면 달아집니다.

_____ 。

いい・よい 좋다

い	い	よ	い								

해석을 보고 형용사 「いい・よい」를 알맞은 형태로 활용하여 빈칸에 적어 봅시다.

・_____ はなしを ききました。
　　좋은

・かれは あたまが _____。
　　　　　　　　좋습니다

・チームワークが _____。
　　　　　　　　좋았다

TIP 良いは いい・よい 두 가지로 발음하는데,
어미를 변화시켜 활용할 때는
いい가 아니라 よい에서만 가능하다.

・むかしから かれと なかが _____。
　　　　　　　　　　　　좋았습니다

・しけんの てんすうが _____。
　　　　　　　　　　좋지 않습니다

・ちちの ぐあいは あまり _____。
　　　　　　　　　　　　좋지 않았습니다

・ここは でんぱが _____。
　　　　　　　　좋지 않다

・きのうは てんきが あまり _____。
　　　　　　　　　　　좋지 않았다

・この レストランは あじも _____ やすいので、にんきです。
　　　　　　　　　　　　좋고

・きぶんが _____ なりました。
　　　　　좋게

새 단어

ききました 들었습니다	**あたま** 머리	**チームワーク** 팀워크
なか 사이	**てんすう** 점수	**ぐあい** 몸 상태
でんぱ 전파	**レストラン** 레스토랑	**～ので** ~(하)기 때문에
にんき 인기	**きぶん** 기분	

良い・良い 좋다

또박또박 세 번씩 읽고 예쁘게 따라 써 봅시다.

・良い はなしを ききました。 좋은 이야기를 들었습니다.

_____

・かれは あたまが 良いです。 그는 머리가 좋습니다.

_____

・チームワークが 良かった。 팀워크가 좋았다.

_____

・むかしから かれと なかが 良かったです。
옛날부터 그 사람과 사이가 좋았습니다.

_____

・しけんの てんすうが 良くありません。 시험 점수가 좋지 않습니다.

_____

・ちちの ぐあいは あまり 良くありませんでした。
아빠 상태는 그다지 좋지 않았습니다.

_____

・ここは でんぱが 良くない。 이곳은 전파가 좋지 않다.

_____

・きのうは てんきが あまり 良くなかった。
어제는 날씨가 그다지 좋지 않았다.

_____

・この レストランは あじも 良くて やすいので、にんきです。
이 레스토랑은 맛도 좋고 싸기 때문에 인기입니다.

_____

・きぶんが 良く なりました。 기분이 좋아졌습니다.

_____

いそがしい 바쁘다

い	そ	が	し	い						

해석을 보고 형용사 「いそがしい」를 알맞은 형태로 활용하여 빈칸에 적어 봅시다.

- ＿＿＿＿＿＿ まいにちを すごして いる。
  바쁜

- まいしゅう きんようびは ＿＿＿＿＿＿。
  바쁩니다

- しゅうまつは ＿＿＿＿＿＿。
  바빴다

- しけんまえなので ＿＿＿＿＿＿。
  바빴습니다

- ぜんぜん ＿＿＿＿＿＿。
  바쁘지 않습니다

- きのうは ＿＿＿＿＿＿。
  바쁘지 않았습니다

- さいきんは あまり ＿＿＿＿＿＿。
  바쁘지 않다

- その アルバイトは あまり ＿＿＿＿＿＿。
  바쁘지 않았다

- ＿＿＿＿＿＿ ねる じかんも ない。
  바빠서

- しごとが ＿＿＿＿＿＿ なりました。
  바쁘게

새 단어

すごして いる 보내고 있다	まいしゅう 매주	きんようび 금요일
～なので ～(이)기 때문에	ねる 자다	じかん 시간
ない 없다		

忙しい 바쁘다

또박또박 세 번씩 읽고 예쁘게 따라 써 봅시다.

- 忙しい まいにちを すごして いる。 바쁜 매일을 보내고 있다.
　　　　　　　　　　　　　　　　　　　　　　　　　　　　　　　。

- まいしゅう きんようびは 忙しいです。 매주 금요일은 바쁩니다.
　　　　　　　　　　　　　　　　　　　　　　　　　　　　　　　。

- しゅうまつは 忙しかった。 주말은 바빴다.
　　　　　　　　　　　　　　　　　　　　　　　　　　　　　　　。

- しけんまえなので 忙しかったです。 시험 전이라서 바빴습니다.
　　　　　　　　　　　　　　　　　　　　　　　　　　　　　　　。

- ぜんぜん 忙しくありません。 전혀 바쁘지 않습니다.
　　　　　　　　　　　　　　　　　　　　　　　　　　　　　　　。

- きのうは 忙しくありませんでした。 어제는 바쁘지 않았습니다.
　　　　　　　　　　　　　　　　　　　　　　　　　　　　　　　。

- さいきんは あまり 忙しくない。 요즘에는 그다지 바쁘지 않다.
　　　　　　　　　　　　　　　　　　　　　　　　　　　　　　　。

- その アルバイトは あまり 忙しくなかった。
그 아르바이트는 그다지 바쁘지 않았다.
　　　　　　　　　　　　　　　　　　　　　　　　　　　　　　　。

- 忙しくて ねる じかんも ない。 바빠서 잘 시간도 없다.
　　　　　　　　　　　　　　　　　　　　　　　　　　　　　　　。

- しごとが 忙しく なりました。 일이 바빠졌습니다.
　　　　　　　　　　　　　　　　　　　　　　　　　　　　　　　。

106

いたい 아프다

학습일 /

いたい

해석을 보고 형용사 「いたい」를 알맞은 형태로 활용하여 빈칸에 적어 봅시다.

・＿＿＿＿＿ ところを おしえてください。
　　　　아픈

・ストレスで いが ＿＿＿＿＿。
　　　　　　　　　　아픕니다

・こころが ＿＿＿＿＿。
　　　　　　　아팠다

・ゆうべ、おなかが ＿＿＿＿＿。
　　　　　　　　　　　　아팠습니다

・この マッサージは ＿＿＿＿＿。
　　　　　　　　　　　아프지 않습니다

・あたまは ＿＿＿＿＿。
　　　　　　　아프지 않았습니다

・ころんでも ＿＿＿＿＿。
　　　　　　　아프지 않다

・ちゅうしゃは あまり ＿＿＿＿＿。
　　　　　　　　　　　아프지 않았다

・はが ＿＿＿＿＿ なにも たべられません。
　　　　아파서

・たくさん あるいて あしが ＿＿＿＿＿ なりました。
　　　　　　　　　　　　　　아프게

새 단어

ストレス 스트레스	～で ～로, ～때문에	ゆうべ 어젯밤
おなか 배	マッサージ 마사지	ころんでも 굴러도, 넘어져도
ちゅうしゃ 주사	なにも 아무것도	たべられません 못 먹습니다
たくさん 많이	あるいて 걸어서, 걷고	

痛い 아프다

또박또박 세 번씩 읽고 예쁘게 따라 써 봅시다.

1
2
3
・痛い ところを おしえて ください。 아픈 곳을 알려 주세요.

＿＿＿＿＿＿＿＿＿＿＿＿＿＿＿＿＿＿＿＿＿＿＿＿＿＿＿。

1
2
3
・ストレスで いが 痛いです。 스트레스 때문에 위가 아픕니다.

＿＿＿＿＿＿＿＿＿＿＿＿＿＿＿＿＿＿＿＿＿＿＿＿＿＿＿。

1
2
3
・こころが 痛かった。 마음이 아팠다.

＿＿＿＿＿＿＿＿＿＿＿＿＿＿＿＿＿＿＿＿＿＿＿＿＿＿＿。

1
2
3
・ゆうべ、おなかが 痛かったです。 어젯밤 배가 아팠습니다.

＿＿＿＿＿＿＿＿＿＿＿＿＿＿＿＿＿＿＿＿＿＿＿＿＿＿＿。

1
2
3
・この マッサージは 痛くありません。 이 마사지는 아프지 않습니다.

＿＿＿＿＿＿＿＿＿＿＿＿＿＿＿＿＿＿＿＿＿＿＿＿＿＿＿。

1
2
3
・あたまは 痛くありませんでした。 머리는 아프지 않았습니다.

＿＿＿＿＿＿＿＿＿＿＿＿＿＿＿＿＿＿＿＿＿＿＿＿＿＿＿。

1
2
3
・ころんでも 痛くない。 넘어져도 아프지 않다.

＿＿＿＿＿＿＿＿＿＿＿＿＿＿＿＿＿＿＿＿＿＿＿＿＿＿＿。

1
2
3
・ちゅうしゃは あまり 痛くなかった。 주사는 그다지 아프지 않았다.

＿＿＿＿＿＿＿＿＿＿＿＿＿＿＿＿＿＿＿＿＿＿＿＿＿＿＿。

1
2
3
・はが 痛くて なにも たべられません。 이가 아파서 아무것도 못 먹습니다.

＿＿＿＿＿＿＿＿＿＿＿＿＿＿＿＿＿＿＿＿＿＿＿＿＿＿＿。

1
2
3
・たくさん あるいて あしが 痛く なりました。
많이 걸어서 다리가 아파졌습니다.

＿＿＿＿＿＿＿＿＿＿＿＿＿＿＿＿＿＿＿＿＿＿＿＿＿＿＿。

うれしい 기쁘다

うれしい

해석을 보고 형용사 「うれしい」를 알맞은 형태로 활용하여 빈칸에 적어 봅시다.

· きょうは ＿＿＿＿ ことが あった。
　　　　　　　기쁜

· しけんに ごうかくして ＿＿＿＿＿＿。
　　　　　　　　　　　　기쁩니다

· ひさしぶりに かれに あえて ＿＿＿＿＿＿。
　　　　　　　　　　　　　　　기뻤다

· かれが きて くれて ＿＿＿＿＿＿＿＿。
　　　　　　　　　　　기뻤습니다

· おかねを もらっても ＿＿＿＿＿＿＿＿。
　　　　　　　　　　　기쁘지 않습니다

· ゆうしょうしても ＿＿＿＿＿＿＿＿＿＿。
　　　　　　　　　　기쁘지 않았습니다

· その プレゼントは あまり ＿＿＿＿＿＿。
　　　　　　　　　　　　　기쁘지 않다

· その けっかは ぜんぜん ＿＿＿＿＿＿＿。
　　　　　　　　　　　　　기쁘지 않았다

· ＿＿＿＿ なみだが でそうです。
　　기뻐서

· その ことばを きいて ＿＿＿＿ なりました。
　　　　　　　　　　　　기쁘게

새 단어

こと 것, 추상적인 일〈형식 명사〉	ごうかくして 합격해서, 합격하고	ひさしぶりに 오래간만에
～に (あう) ～을/를 (만나다)	あえて 만날 수 있어서, 만날 수 있고	きて くれて 와 줘서, 와 주고
もらっても 받아도	ゆうしょうしても 우승해도	なみだ 눈물
でそうです 나올 것 같습니다	ことば 말	きいて 듣고, 들어서

嬉しい _{うれ} 기쁘다

MP3
40

또박또박 세 번씩 읽고 예쁘게 따라 써 봅시다.

・きょうは 嬉しい ことが あった。 오늘은 기쁜 일이 있었다.

・しけんに ごうかくして 嬉しいです。 시험에 합격해서 기쁩니다.

・ひさしぶりに かれに あえて 嬉しかった。
오래간만에 그를 만날 수 있어서 기뻤다.

・かれが きて くれて 嬉しかったです。 그가 와 주어서 기뻤습니다.

・おかねを もらっても 嬉しくありません。 돈을 받아도 기쁘지 않습니다.

・ゆうしょうしても 嬉しくありませんでした。
우승해도 기쁘지 않았습니다

・その プレゼントは あまり 嬉しくない。 그 선물은 그다지 기쁘지 않다.

・その けっかは ぜんぜん 嬉しくなかった。 그 결과는 전혀 기쁘지 않았다.

・嬉しくて なみだが でそうです。 기뻐서 눈물이 날 것 같습니다.

・その ことばを きいて 嬉しく なりました。
그 말을 듣고 기분이 좋아졌습니다.

110

おいしい 맛있다

お	い	し	い							

해석을 보고 형용사 「おいしい」를 알맞은 형태로 활용하여 빈칸에 적어 봅시다.

· _____ ケーキを つくった。
　　　맛있는

· あつい ひに のむ ビールは _____ 。
　　　　　　　　　　　　　　　　　맛있습니다

· きのう たべた ステーキは _____ 。
　　　　　　　　　　　　　　　맛있었다

· きのうの さしみは _____ 。
　　　　　　　　　　　맛있었습니다

· そこの コーヒーは _____ 。
　　　　　　　　　　맛있지 않습니다

· ごはんが _____ 。
　　　　　맛있지 않았습니다

· ここの ラーメンは _____ 。
　　　　　　　　　맛있지 않다

· あそこの パスタは _____ 。
　　　　　　　　　맛있지 않았다

· りょうりが _____ かんどうしました。
　　　　　　맛있어서

· ちょうみりょうを いれると _____ なります。
　　　　　　　　　　　　　맛있게

새 단어

ケーキ 케이크	つくった 만들었다	ビール 맥주
たべた 먹었다	ステーキ 스테이크	さしみ 회
ごはん 밥	ラーメン 라면	あそこ 저곳, 저기
パスタ 파스타	かんどうしました 감동했습니다	ちょうみりょう 조미료

111

おいしい 맛있다

또박또박 세 번씩 읽고 예쁘게 따라 써 봅시다.

· おいしい ケーキを つくった。 맛있는 케이크를 만들었다.

_____。

· あつい ひに のむ ビールは おいしいです。
더운 날에 마시는 맥주는 맛있습니다.

_____。

· きのう たべた ステーキは おいしかった。
어제 먹은 스테이크는 맛있었다.

_____。

· きのうの さしみは おいしかったです。 어제의 회는 맛있었습니다.

_____。

· そこの コーヒーは おいしくありません。 그곳의 커피는 맛있지 않습니다.

_____。

· ごはんが おいしくありませんでした。 밥이 맛있지 않았습니다.

_____。

· ここの ラーメンは おいしくない。 이곳 라면은 맛있지 않다.

_____。

· あそこの パスタは おいしくなかった。 저곳 파스타는 맛있지 않았다.

_____。

· りょうりが おいしくて かんどうしました。 요리가 맛있어서 감동했습니다.

_____。

· ちょうみりょうを いれると おいしく なります。
조미료를 넣으면 맛있어집니다.

_____。

おおい 많다

お	お	い										

해석을 보고 형용사 「おおい」를 알맞은 형태로 활용하여 빈칸에 적어 봅시다.

・わたしの ふるさとは やまが ＿＿＿＿ ところです。
　　　　　　　　　　　　　　　　많은

・この まちは がいこくじんが ＿＿＿＿＿＿。
　　　　　　　　　　　　　　　　많습니다

・この かいしゃは やめる ひとが ＿＿＿＿＿＿。
　　　　　　　　　　　　　　　　많았다

・ことしは じしんが ＿＿＿＿＿＿＿。
　　　　　　　　　많았습니다

・ちょきんは ＿＿＿＿＿＿＿。
　　　　　많지 않습니다

・さんかしゃは ＿＿＿＿＿＿＿＿。
　　　　　　많지 않았습니다

・きょうの しゅくだいは ＿＿＿＿＿＿。
　　　　　　　　　　　많지 않다

・むかしは じょせいの いしゃが ＿＿＿＿＿＿＿。
　　　　　　　　　　　　　　　많지 않았다

・もんだいが ＿＿＿＿ たいへんです。
　　　　　많아서

・はるは かふんが ＿＿＿＿ なる。
　　　　　　　　많게

🐱 새 단어

ふるさと 고향	やま 산	がいこくじん 외국인
やめる 그만두다	じしん 지진	ちょきん 저금
さんかしゃ 참가자	じょせい 여성	いしゃ 의사
もんだい 문제	かふん 꽃가루	

113

多い _{おお} 많다

또박또박 세 번씩 읽고 예쁘게 따라 써 봅시다.

1 2 3 ・わたしの ふるさとは やまが 多い ところです。
내 고향은 산이 많은 곳입니다.

_____。

1 2 3 ・この まちは がいこくじんが 多いです。 이 마을에는 외국인이 많습니다.

_____。

1 2 3 ・この かいしゃは やめる ひとが 多かった。
이 회사는 그만두는 사람이 많았다.

_____。

1 2 3 ・ことしは じしんが 多かったです。 올해는 지진이 많았습니다.

_____。

1 2 3 ・ちょきんは 多くありません。 저금은 많지 않습니다.

_____。

1 2 3 ・さんかしゃは 多くありませんでした。 참가자는 많지 않았습니다.

_____。

1 2 3 ・きょうの しゅくだいは 多くない。 오늘 숙제는 많지 않다.

_____。

1 2 3 ・むかしは じょせいの いしゃが 多くなかった。
옛날에는 여성 의사가 많지 않았다.

_____。

1 2 3 ・もんだいが 多くて たいへんです。 문제가 많아서 힘듭니다.

_____。

1 2 3 ・はるは かふんが 多く なる。 봄에는 꽃가루가 많아진다.

_____。

114

おおきい 크다

おおきい									

해석을 보고 형용사 「おおきい」를 알맞은 형태로 활용하여 빈칸에 적어 봅시다.

· ＿＿＿＿＿＿ いえに すんで いる。
　　　　크

· かれは こえが ＿＿＿＿＿＿。
　　　　　　　　　　　큽니다

· こどもの ときから からだが ＿＿＿＿＿＿。
　　　　　　　　　　　　　　　　컸다

· へんかが ＿＿＿＿＿＿。
　　　　　　　컸습니다

· もんだいは そこまで ＿＿＿＿＿＿。
　　　　　　　　　　　크지 않습니다

· つった さかなは ＿＿＿＿＿＿。
　　　　　　　　　　크지 않았습니다

· うちの いぬは あまり ＿＿＿＿＿＿。
　　　　　　　　　　　크지 않다

· きのうの じこは ひがいが ＿＿＿＿＿＿。
　　　　　　　　　　　　　크지 않았다

· あしが ＿＿＿＿＿＿ はける くつが すくないです。
　　　　커서

· おどろいて めが ＿＿＿＿＿＿ なりました。
　　　　　　　　크게

새 단어

すんで いる 살고 있다	**へんか** 변화	**つった** 잡았다, 낚았다
さかな 물고기	**ひがい** 피해	**はける** (신발을) 신을 수 있다
くつ 구두, 신발	**すくない** 적다	**おどろいて** 놀라서, 놀라고
め 눈		

大きい ㅋ다

또박또박 세 번씩 읽고 예쁘게 따라 써 봅시다.

・大きい いえに すんで いる。 큰 집에 살고 있다.

_____。

・かれは こえが 大きいです。 그는 목소리가 큽니다

_____。

・こどもの ときから からだが 大きかった。 어릴 때부터 몸집이 컸다.

_____。

・へんかが 大きかったです。 변화가 컸습니다.

_____。

・もんだいは そこまで 大きくありません。 문제는 거기까지 크지 않습니다.

_____。

・つった さかなは 大きくありませんでした。
잡은 물고기는 크지 않았습니다.

_____。

・うちの いぬは あまり 大きくない。 우리집 개는 그다지 크지 않다.

_____。

・きのうの じこは ひがいが 大きくなかった。
어제 사고는 피해가 크지 않았다.

_____。

・あしが 大きくて はける くつが すくないです。
발이 커서 신을 수 있는 신발이 적습니다.

_____。

・おどろいて めが 大きく なりました。 놀라서 눈이 커졌습니다.

_____。

116

おもい 무겁다

お	も	い									

해석을 보고 형용사 「おもい」를 알맞은 형태로 활용하여 빈칸에 적어 봅시다.

· その おばあさんは ＿＿＿＿＿ にもつを もって いる。
무거운

· わたしの かばんは いつも ＿＿＿＿＿。
무겁습니다

· その はこは とても ＿＿＿＿＿。
무거웠다

· かれの せきにんは ＿＿＿＿＿。
무거웠습니다

· あたらしく かった テレビは ＿＿＿＿＿。
무겁지 않습니다

· スーツケースは ＿＿＿＿＿。
무겁지 않았습니다

· あたらしい パソコンは ぜんぜん ＿＿＿＿＿。
무겁지 않다

· きょうかしょは あまり ＿＿＿＿＿。
무겁지 않았다

· この かぐは ＿＿＿＿＿ おおきい。
무겁고

· たくさん かって にもつが ＿＿＿＿＿ なりました。
무겁게

새 단어

おばあさん 할머니	にもつ 짐	もって いる 들고 있다, 가지고 있다
はこ 상자	せきにん 책임	スーツケース 수트케이스, 여행가방
きょうかしょ 교과서	かぐ 가구	かって 사고, 사서

重い 무겁다
<ruby>重<rt>おも</rt></ruby>い

또박또박 세 번씩 읽고 예쁘게 따라 써 봅시다.

・その おばあさんは 重い にもつを もって いる。
그 할머니는 무거운 짐을 들고 있다.

・わたしの かばんは いつも 重いです。 내 가방은 항상 무겁습니다.

・その はこは とても 重かった。 그 상자는 무척 무거웠다.

・かれの せきにんは 重かったです。 그의 책임은 무거웠습니다.

・あたらしく かった テレビは 重くありません。
새로 산 텔레비전은 무겁지 않습니다.

・スーツケースは 重くありませんでした。 수트케이스는 무겁지 않았습니다.

・あたらしい パソコンは ぜんぜん 重くない。 새 컴퓨터는 전혀 무겁지 않다.

・きょうかしょは あまり 重くなかった。 교과서는 그다지 무겁지 않았다.

・この かぐは 重くて おおきい。 이 가구는 무겁고 크다.

・たくさん かって にもつが 重く なりました。
많이 사서 짐이 무거워졌습니다.

おもしろい 재미있다

학습일 /

お	も	し	ろ	い							

해석을 보고 형용사「おもしろい」를 알맞은 형태로 활용하여 빈칸에 적어 봅시다.

- ＿＿＿＿＿＿ はなしを きいた。
  재밌는

- この ほんは ＿＿＿＿＿＿。
  재밌습니다

- きのう みた えいがは ＿＿＿＿＿＿。
  재밌었다

- その ゲームは とても ＿＿＿＿＿＿。
  재밌었습니다

- かれの あたらしい しょうせつは ＿＿＿＿＿＿。
  재밌지 않습니다

- きのうの しあいは ＿＿＿＿＿＿。
  재밌지 않았습니다

- ちちの ギャグは ＿＿＿＿＿＿。
  재밌지 않다

- その テレビばんぐみは ＿＿＿＿＿＿。
  재밌지 않았다

- わたしの かれしは ＿＿＿＿＿＿ やさしい ひとです。
  재밌고

- ストーリーは だんだん ＿＿＿＿＿＿ なって いる。
  재밌게

새 단어

きいた 들었다　　　　　ほん 책　　　　　　　　みた 봤다
ギャグ 개그　　　　　　テレビばんぐみ 텔레비전 프로그램　かれし 남자친구
ストーリー 스토리, 이야기　なって いる 되고 있다, ～(해)지고 있다

面白い 재미있다

또박또박 세 번씩 읽고 예쁘게 따라 써 봅시다.

・面白い はなしを きいた。 재밌는 이야기를 들었다.
_____

・この ほんは 面白いです。 이 책은 재미있습니다.
_____

・きのう みた えいがは 面白かった。 어제 본 영화는 재밌었다.
_____

・その ゲームは とても 面白かったです。 그 게임은 무척 재밌었습니다.
_____

・かれの あたらしい しょうせつは 面白くありません。
그의 새 소설은 재밌지 않습니다.
_____

・きのうの しあいは 面白くありませんでした。
어제의 시합은 재밌지 않았습니다.
_____

・ちちの ギャグは 面白くない。 아빠의 개그는 재밌지 않다.
_____

・その テレビばんぐみは 面白くなかった。
그 텔레비전 프로그램은 재밌지 않았다.
_____

・わたしの かれしは 面白くて やさしい ひとです。
내 남자친구는 재밌고 다정한 사람입니다.
_____

・ストーリーは だんだん 面白く なって いる。
이야기는 점점 재밌어지고 있다.
_____

かなしい 슬프다

か	な	し	い									

해석을 보고 형용사「かなしい」를 알맞은 형태로 활용하여 빈칸에 적어 봅시다.

· _____ えいがを みる。
　　　　　슬픈

· だれも りかいして くれなくて _____。
　　　　　　　　　　　　　　　　슬픕니다

· しあいに まけて _____。
　　　　　　　　　슬펐다

· しけんに おちて _____。
　　　　　　　　　슬펐습니다

· ひとりでも _____。
　　　　　　슬프지 않습니다

· その ドラマの けつまつは _____。
　　　　　　　　　　　　　슬프지 않았습니다

· その はなしは ぜんぜん _____。
　　　　　　　　　　　슬프지 않다

· こいびとに ふられても _____。
　　　　　　　　　　슬프지 않았다

· _____ なきたい きぶんです。
　　슬퍼서

· その てがみを よんで _____ なりました。
　　　　　　　　　　슬프게

새 단어

みる 보다	**だれも** 아무도, 누구도
りかいして くれなくて 이해해 주지 않아서, 이해해 주지 않고	**まけて** 져서, 지고
おちて 떨어져서, 떨어지고	**けつまつ** 결말	**ふられても** 차여도
なきたい 울고 싶다	**てがみ** 편지	**よんで** 읽고, 읽어서

悲しい 슬프다
^{かな}

또박또박 세 번씩 읽고 예쁘게 따라 써 봅시다.

1
2
3
・悲しい えいがを みる。 슬픈 영화를 본다.
^{かな}

_____。

1
2
3
・だれも りかいして くれなくて 悲しいです。
^{かな}
아무도 이해해 주지 않아서 슬픕니다.

_____。

1
2
3
・しあいに まけて 悲しかった。 시합에 져서 슬펐다.
^{かな}

_____。

1
2
3
・しけんに おちて 悲しかったです。 시험에 떨어져서 슬펐습니다.
^{かな}

_____。

1
2
3
・ひとりでも 悲しくありません。 혼자여도 슬프지 않습니다.
^{かな}

_____。

1
2
3
・その ドラマの けつまつは 悲しくありませんでした。
^{かな}
그 드라마의 결말은 슬프지 않았습니다.

_____。

1
2
3
・その はなしは ぜんぜん 悲しくない。 그 이야기는 전혀 슬프지 않다.
^{かな}

_____。

1
2
3
・こいびとに ふられても 悲しくなかった。 애인에게 차여도 슬프지 않았다.
^{かな}

_____。

1
2
3
・悲しくて なきたい きぶんです。 슬퍼서 울고 싶은 기분입니다.
^{かな}

_____。

1
2
3
・その てがみを よんで 悲しく なりました。
^{かな}
그 편지를 읽고 슬퍼졌습니다.

_____。

からい 맵다

か	ら	い								

해석을 보고 형용사「からい」를 알맞은 형태로 활용하여 빈칸에 적어 봅시다.

· _____ りょうりは たべられない。
　　　매운

· この スープは _____。
　　　　　　맵습니다

· きのう たべた ぎょうざは _____。
　　　　　　　　　　매웠다

· その みせの ラーメンは とても _____。
　　　　　　　　　　　　매웠습니다

· にほんで たべる かんこくりょうりは _____。
　　　　　　　　　　　　　맵지 않습니다

· その ソースは ぜんぜん _____。
　　　　　　　　　맵지 않았습니다

· この とうがらしは あまり _____。
　　　　　　　　　맵지 않다

· その みせの カレーは _____。
　　　　　　　맵지 않았다

· _____ あせが でます。
　　　매워서

· もっと _____ して ください。
　　　　맵게

새 단어

たべられない 못 먹는다	**ぎょうざ** 군만두	**ソース** 소스
とうがらし 고추	**カレー** 카레	**あせが でます** 땀이 납니다
もっと 더, 더욱		

<ruby>辛<rt>から</rt></ruby>い 맵다

또박또박 세 번씩 읽고 예쁘게 따라 써 봅시다.

- <ruby>辛<rt>から</rt></ruby>い りょうりは たべられない。 매운 요리는 못 먹는다.

- この スープは <ruby>辛<rt>から</rt></ruby>いです。 이 수프는 맵습니다.

- きのう たべた ぎょうざは <ruby>辛<rt>から</rt></ruby>かった。 어제 먹은 군만두는 매웠다.

- その みせの ラーメンは とても <ruby>辛<rt>から</rt></ruby>かったです。
  그 가게의 라면은 무척 매웠습니다.

- にほんで たべる かんこくりょうりは <ruby>辛<rt>から</rt></ruby>くありません。
  일본에서 먹는 한국 요리는 맵지 않습니다.

- その ソースは ぜんぜん <ruby>辛<rt>から</rt></ruby>くありませんでした。
  그 소스는 전혀 맵지 않았습니다.

- この とうがらしは あまり <ruby>辛<rt>から</rt></ruby>くない。 이 고추는 그다지 맵지 않다.

- その みせの カレーは <ruby>辛<rt>から</rt></ruby>くなかった。 그 가게의 카레는 맵지 않았다.

- <ruby>辛<rt>から</rt></ruby>くて あせが でます。 매워서 땀이 납니다.

- もっと <ruby>辛<rt>から</rt></ruby>く して ください。 더 맵게 해 주세요.

かるい 가볍다

かるい

해석을 보고 형용사 「かるい」를 알맞은 형태로 활용하여 빈칸에 적어 봅시다.

· かのじょは くちが ＿＿＿＿ ひとです。
　　　　　　　　　　　　가벼운

· しけんが おわって、こころが ＿＿＿＿＿。
　　　　　　　　　　　　　　　　　가볍습니다

· かれの にもつは ＿＿＿＿＿。
　　　　　　　　　　　가벼웠다

· けがは ＿＿＿＿＿。
　　　　　가벼웠습니다

· みずは あぶらより ＿＿＿＿＿＿。
　　　　　　　　　　　가볍지 않습니다

· かれの びょうきは ＿＿＿＿＿＿＿。
　　　　　　　　　　　　가볍지 않았습니다

· この スマホは あまり ＿＿＿＿＿。
　　　　　　　　　　　　　가볍지 않다

· トレーニングは ぜんぜん ＿＿＿＿＿＿。
　　　　　　　　　　　　　가볍지 않았다

· この スニーカーは ＿＿＿＿＿ らくです。
　　　　　　　　　　　가볍고

· カバンの なかを ＿＿＿＿ する。
　　　　　　　　　　가볍게

새 단어

くち 입　　　　　　　　　おわって 끝나고, 끝나서　　　けが 상처
あぶら 기름　　　　　　　びょうき 병　　　　　　　　トレーニング 트레이닝
スニーカー 스니커즈, 운동화

軽い　가볍다
かる

또박또박 세 번씩 읽고 예쁘게 따라 써 봅시다.

1
2
3
・かのじょは くちが 軽い ひとです。　그녀는 입이 가벼운 사람입니다.
　　　　　　　　　　かる

_____

1
2
3
・しけんが おわって、こころが 軽いです。
　　　　　　　　　　　　　　　　　　かる
시험이 끝나서 마음이 가볍습니다.

_____

1
2
3
・かれの にもつは 軽かった。　그의 짐은 가벼웠다.
　　　　　　　　　　かる

_____

1
2
3
・けがは 軽かったです。　상처는 가벼웠습니다.
　　　　　かる

_____

1
2
3
・みずは あぶらより 軽くありません。　물은 기름보다 가볍지 않습니다.
　　　　　　　　　　　かる

_____

1
2
3
・かれの びょうきは 軽くありませんでした。　그의 병은 가볍지 않았습니다.
　　　　　　　　　　　かる

_____

1
2
3
・この スマホは あまり 軽くない。　이 스마트폰은 그다지 가볍지 않다.
　　　　　　　　　　　　かる

_____

1
2
3
・トレーニングは ぜんぜん 軽くなかった。　트레이닝은 전혀 가볍지 않았다.
　　　　　　　　　　　　　かる

_____

1
2
3
・この スニーカーは 軽くて らくです。　이 스니커즈는 가볍고 편합니다.
　　　　　　　　　　かる

_____

1
2
3
・カバンの なかを 軽く する。　가방 속을 가볍게 한다.
　　　　　　　　かる

_____

かわいい 귀엽다

| か | わ | い | い | | | | | | | | |

해석을 보고 형용사「かわいい」를 알맞은 형태로 활용하여 빈칸에 적어 봅시다.

・その どうぶつえんには ＿＿＿＿＿ パンダが います。
　　　　　　　　　　　　　귀여운

・ねこは ＿＿＿＿＿。
　　　　　귀엽습니다

・こいぬは とても ＿＿＿＿＿。
　　　　　　　　　귀여웠다

・こどもの とき、いもうとは とても ＿＿＿＿＿。
　　　　　　　　　　　　　　　　귀여웠습니다

・ねずみは ＿＿＿＿＿。
　　　　　귀엽지 않습니다

・その にんぎょうは あまり ＿＿＿＿＿。
　　　　　　　　　　　　　귀엽지 않았습니다

・ごきぶりは ぜんぜん ＿＿＿＿＿。
　　　　　　　　　귀엽지 않다

・その フィギュアは ＿＿＿＿＿。
　　　　　　　　　귀엽지 않았다

・かのじょは ＿＿＿＿＿ せいかくも いい。
　　　　　　귀엽고

・だんだん ＿＿＿＿＿ なりました。
　　　　　귀엽게

새 단어

どうぶつえん 동물원	～には ～에는	パンダ 판다
ねこ 고양이	います (사람·동물 등이) 있습니다	こいぬ 강아지
ねずみ 쥐	にんぎょう 인형	ごきぶり 바퀴벌레

かわいい 귀엽다

1
2
3
・その どうぶつえんには かわいい パンダが います。
그 동물원에는 귀여운 판다가 있습니다.

_____。

1
2
3
・ねこは かわいいです。 고양이는 귀엽습니다.

_____。

1
2
3
・こいぬは とても かわいかった。 강아지는 무척 귀여웠다.

_____。

1
2
3
・こどもの とき、いもうとは とても かわいかったです。
어릴 때 여동생은 무척 귀여웠습니다.

_____。

1
2
3
・ねずみは かわいくありません。 쥐는 귀엽지 않습니다.

_____。

1
2
3
・その にんぎょうは あまり かわいくありませんでした。
그 인형은 그다지 귀엽지 않았습니다.

_____。

1
2
3
・ごきぶりは ぜんぜん かわいくない。 바퀴벌레는 전혀 귀엽지 않다.

_____。

1
2
3
・その フィギュアは かわいくなかった。 그 피규어는 귀엽지 않았다.

_____。

1
2
3
・かのじょは かわいくて せいかくも いい。 그녀는 귀엽고 성격도 좋다.

_____。

1
2
3
・だんだん かわいく なりました。 점점 귀여워졌습니다.

_____。

くらい 어둡다

く	ら	い								

해석을 보고 형용사 「くらい」를 알맞은 형태로 활용하여 빈칸에 적어 봅시다.

· ＿＿＿＿＿ へやに はいる。
　　　어두운

· いしださんは いつも ＿＿＿＿＿。
　　　　　　　　　　　어둡습니다

· たてものの なかは ＿＿＿＿＿。
　　　　　　　　　　어두웠다

· となりの いえは いちにちじゅう ＿＿＿＿＿。
　　　　　　　　　　　　　　　　어두웠습니다

· カーテンを しめても ＿＿＿＿＿。
　　　　　　　　　어둡지 않습니다

· その みちは よるでも ＿＿＿＿＿。
　　　　　　　　　어둡지 않았습니다

· そとは まだ ＿＿＿＿＿。
　　　　　　어둡지 않다

· がくせいじだいの かれは ぜんぜん ＿＿＿＿＿。
　　　　　　　　　　　　　　　어둡지 않았다

· ＿＿＿＿＿ ほんが よめません。
　　　어두워서

· でんきを ＿＿＿＿＿ して ください。
　　　　　　어둡게

 새 단어

がくせいじだい 학창시절	**よめません** 못 읽습니다	**カーテン** 커튼
しめても 닫아도	**いちにちじゅう** 하루 종일	**でんき** 전기, 전깃불

暗い 어둡다

또박또박 세 번씩 읽고 예쁘게 따라 써 봅시다.

・暗い へやに はいる。 어두운 방에 들어간다.

_____

・いしださんは いつも 暗いです。 이시다 씨는 항상 어둡습니다.

_____

・たてものの なかは 暗かった。 건물 안은 어두웠다.

_____

・となりの いえは いちにちじゅう 暗かったです。
옆집은 하루종일 어두웠습니다.

_____

・カーテンを しめても 暗くありません。 커튼을 쳐도 어둡지 않습니다.

_____

・その みちは よるでも 暗くありませんでした。
그 길은 밤에도 어둡지 않았습니다.

_____

・そとは まだ 暗くない。 밖은 아직 어둡지 않다.

_____

・がくせいじだいの かれは ぜんぜん 暗くなかった。
학창시절의 그는 전혀 어둡지 않았다.

_____

・暗くて ほんが よめません。 어두워서 책을 읽을 수 없습니다.

_____

・でんきを 暗く して ください。 전깃불을 어둡게 해 주세요.

_____

さむい 춥다

학습일 /

| さ | む | い | | | | | | | | | |

해석을 보고 형용사 「さむい」를 알맞은 형태로 활용하여 빈칸에 적어 봅시다.

・ことしは ＿＿＿＿ ふゆだった。
　　　　　추운

・そとは とても ＿＿＿＿。
　　　　　　　춥습니다

・ヒーターが なくて ＿＿＿＿。
　　　　　　　추웠다

・ほっかいどうは とても ＿＿＿＿。
　　　　　　　추웠습니다

・ここは ふゆでも ＿＿＿＿。
　　　　　　　춥지 않습니다

・ふゆなのに ぜんぜん ＿＿＿＿。
　　　　　　　춥지 않았습니다

・きょうは きのうより ＿＿＿＿。
　　　　　　　춥지 않다

・けさは あまり ＿＿＿＿。
　　　　　　춥지 않았다

・＿＿＿＿ どこにも いきたくない。
　추워서

・あしたから ＿＿＿＿ なるそうです。
　　　　　　춥게

새 단어

ヒーター 히터	**ほっかいどう** 홋카이도〈지명〉　　**どこにも** 어디에도, 아무데도
いきたくない 가고 싶지 않다	**なるそうです** 된다고 합니다, ～(해)진다고 합니다

131

寒い 춥다
さむ

또박또박 세 번씩 읽고 예쁘게 따라 써 봅시다.

・ことしは 寒い ふゆだった。 올해는 추운 겨울이었다.

・そとは とても 寒いです。 밖은 아주 춥습니다.

・ヒーターが なくて 寒かった。 히터가 없어서 추웠다.

・ほっかいどうは とても 寒かったです。 홋카이도는 몹시 추웠습니다.

・ここは ふゆでも 寒くありません。 이곳은 겨울에도 춥지 않습니다.

・ふゆなのに ぜんぜん 寒くありませんでした。
겨울인데도 전혀 춥지 않았습니다.

・きょうは きのうより 寒くない。 오늘은 어제보다 춥지 않다.

・けさは あまり 寒くなかった。 오늘 아침은 그다지 춥지 않았다.

・寒くて どこにも いきたくない。 추워서 아무 데도 가고 싶지 않다.

・あしたから 寒く なるそうです。 내일부터 추워진다고 합니다.

すくない 적다

| す | く | な | い | | | | | | | | |

해석을 보고 형용사 「すくない」를 알맞은 형태로 활용하여 빈칸에 적어 봅시다.

・あめが ＿＿＿＿＿ いちねんだった。
　　　　　　적은

・のこりじかんが ＿＿＿＿＿＿。
　　　　　　　　적습니다

・パーティーの さんかしゃは ＿＿＿＿＿＿。
　　　　　　　　　　　　적었다

・きょうは おきゃくさんが ＿＿＿＿＿＿＿。
　　　　　　　　　　　　　적었습니다

・この かいしゃは やめる ひとが ＿＿＿＿＿＿＿＿。
　　　　　　　　　　　　　　　　적지 않습니다

・むかしは ここで タバコを すう ひとが ＿＿＿＿＿＿
　　　　　　　　　　　　　　　　　　　적지 않았습니다

＿＿＿＿＿＿。

・しゅうしょくできない わかものが ＿＿＿＿＿＿。
　　　　　　　　　　　　　　　　적지 않다

・むかしは この まちの じんこうは ＿＿＿＿＿＿＿。
　　　　　　　　　　　　　　　　　적지 않았다

・りょうが ＿＿＿＿＿、すぐ おなかが すきました。
　　　　　　적어서

・こどもの かずが ＿＿＿＿＿ なって います。
　　　　　　　　　적게

새 단어

のこりじかん 남은 시간	すう 피우다	しゅうしょく 취직
できない 하지 못하다, 불가능하다	わかもの 젊은이	じんこう 인구
りょう 양	すぐ 곧, 바로	すきました 허기졌습니다, 고팠습니다
かず 숫자	なって います 되고 있습니다, ~(해)지고 있습니다	

133

少ない 적다
すく

또박또박 세 번씩 읽고 예쁘게 따라 써 봅시다.

1 2 3 ・あめが 少ない いちねんだった。 비가 적은 1년이었다.
すく
_____

1 2 3 ・のこりじかんが 少ないです。 남은 시간이 적습니다.
すく
_____

1 2 3 ・パーティーの さんかしゃは 少なかった。 파티 참가자는 적었다.
すく
_____

1 2 3 ・きょうは おきゃくさんが 少なかったです。 오늘은 손님이 적었습니다.
すく
_____

1 2 3 ・この かいしゃは やめる ひとが 少なくありません。
すく
이 회사는 그만두는 사람이 적지 않습니다.
_____

1 2 3 ・むかしは ここで タバコを すう ひとが 少なくありませんでした。
すく
옛날에는 이곳에서 담배를 피우는 사람이 적지 않았습니다.
_____

1 2 3 ・しゅうしょくできない わかものが 少なくない。
すく
취직하지 못하는 젊은이가 적지 않다.
_____

1 2 3 ・むかしは この まちの じんこうは 少なくなかった。
すく
옛날엔 이 마을의 인구는 적지 않았다
_____

1 2 3 ・りょうが 少なくて、すぐ おなかが すきました。
すく
양이 적어서 바로 배가 고팠습니다.
_____

1 2 3 ・こどもの かずが 少なく なって います。
すく
어린이 수가 줄어들고 있습니다.
_____

すずしい 시원하다

학습일 /

| す | ず | し | い | | | | | | | | |

해석을 보고 형용사 「すずしい」를 알맞은 형태로 활용하여 빈칸에 적어 봅시다.

・＿＿＿＿＿＿＿ かぜが ふく。
　　시원한

・としょかんの なかは ＿＿＿＿＿＿＿。
　　　　　　　　　　　시원합니다

・けさは ＿＿＿＿＿＿＿。
　　　　시원했다

・やまの くうきは ＿＿＿＿＿＿＿。
　　　　　　　　　시원했습니다

・よるでも ＿＿＿＿＿＿＿。
　　　　　시원하지 않습니다

・きょうしつの なかは ＿＿＿＿＿＿＿。
　　　　　　　　　　　시원하지 않았습니다

・ここは あまり ＿＿＿＿＿＿＿。
　　　　　　　시원하지 않다

・その へやは ぜんぜん ＿＿＿＿＿＿＿。
　　　　　　　　　　시원하지 않았다

・この ふくは ＿＿＿＿＿＿＿ らくです。
　　　　　　시원하고

・なつが おわって ＿＿＿＿＿＿ なりました。
　　　　　　　　시원하게

새 단어

かぜ 바람　　　　　　ふく 불다　　　　　　ふく 옷

135

涼しい <small>すず</small> 시원하다

또박또박 세 번씩 읽고 예쁘게 따라 써 봅시다.

・涼しい かぜが ふく。 시원한 바람이 분다.

・としょかんの なかは 涼しいです。 도서관 안은 시원합니다.

・けさは 涼しかった。 오늘 아침은 시원했다.

・やまの くうきは 涼しかったです。 산 공기는 시원했습니다.

・よるでも 涼しくありません。 밤에도 시원하지 않습니다.

・きょうしつの なかは 涼しくありませんでした。
교실 안은 시원하지 않았습니다.

・ここは あまり 涼しくない。 이곳은 그다지 시원하지 않다.

・その へやは ぜんぜん 涼しくなかった。 그 방은 전혀 시원하지 않았다.

・この ふくは 涼しくて らくです。 이 옷은 시원하고 편합니다.

・なつが おわって 涼しく なりました。 여름이 끝나고 시원해졌습니다.

학습일 /

せまい

해석을 보고 형용사 「せまい」를 알맞은 형태로 활용하여 빈칸에 적어 봅시다.

· _____ ところは きらいだ。
　　　좁은

· せけんは _____。
　　　　　　　좁습니다

· むかしは こころが _____。
　　　　　　　　　　　　좁았다

· かいだんが とても _____。
　　　　　　　　　　　좁았습니다

· この いえは _____。
　　　　　　　　좁지 않습니다

· ホテルの へやは _____。
　　　　　　　　　　좁지 않았습니다

· かれの へやは _____。
　　　　　　　　좁지 않다

· あたらしい じむしょは _____。
　　　　　　　　　　　　좁지 않았다

· みちが _____ たいへんです。
　　　　좁아서

· ここから みちが だんだん _____ なります。
　　　　　　　　　　　　　　좁게

 새 단어

せけん 세간, 세상　　　　**かいだん** 계단　　　　**じむしょ** 사무실

狭い 좁다

또박또박 세 번씩 읽고 예쁘게 따라 써 봅시다.

1 2 3 ・狭い ところは きらいだ。 좁은 곳은 싫어한다.

_____ 。

1 2 3 ・せけんは 狭いです。 세상은 좁습니다.

_____ 。

1 2 3 ・むかしは こころが 狭かった。 옛날에는 마음이 좁았다.

_____ 。

1 2 3 ・かいだんが とても 狭かったです。 계단이 무척 좁습니다.

_____ 。

1 2 3 ・この いえは 狭くありません。 이 집은 좁지 않습니다.

_____ 。

1 2 3 ・ホテルの へやは 狭くありませんでした。 호텔 방은 좁지 않았습니다.

_____ 。

1 2 3 ・かれの へやは 狭くない。 그의 방은 좁지 않다.

_____ 。

1 2 3 ・あたらしい じむしょは 狭くなかった。 새 사무실은 좁지 않았다.

_____ 。

1 2 3 ・みちが 狭くて たいへんです。 길이 좁아서 힘듭니다.

_____ 。

1 2 3 ・ここから みちが だんだん 狭く なります。
여기부터 길이 점점 좁아집니다.

_____ 。

たかい 비싸다, 높다, (키가) 크다

た	か	い								

해석을 보고 형용사 「たかい」를 알맞은 형태로 활용하여 빈칸에 적어 봅시다.

· ＿＿＿＿＿ ところが こわい.
　　　높은

· その さいふは ＿＿＿＿＿＿.
　　　　　　　　비쌉니다

· この ケータイは ＿＿＿＿＿＿.
　　　　　　　　　비쌌다

· きのうは なみが ＿＿＿＿＿＿＿.
　　　　　　　　　　높았습니다

· きょうは きおんが ＿＿＿＿＿＿＿.
　　　　　　　　　　　높지 않습니다

· この ゆびわは ＿＿＿＿＿＿＿＿＿.
　　　　　　　　　　비싸지 않았습니다

· チケットは ＿＿＿＿＿＿.
　　　　　　　비싸지 않다

· デパートより ＿＿＿＿＿＿＿.
　　　　　　　　비싸지 않았다

· あには せが ＿＿＿＿＿ ハンサムです.
　　　　　　　(키가) 크고

· せんげつより ねだんが ＿＿＿＿＿ なりました.
　　　　　　　　　　　　비싸게

🐱 **새 단어**

こわい 무섭다	なみ 파도	きおん 기온
チケット 티켓	せ 키	

139

高い 높다, 비싸다, (키가) 크다

또박또박 세 번씩 읽고 예쁘게 따라 써 봅시다.

1
2
3
· 高い ところが こわい。 높은 곳이 무섭다.

_____。

1
2
3
· その さいふは 高いです。 그 지갑은 비쌉니다.

_____。

1
2
3
· この ケータイは 高かった。 이 휴대전화는 비쌌다.

_____。

1
2
3
· きのうは なみが 高かったです。 어제는 파도가 높았습니다.

_____。

1
2
3
· きょうは きおんが 高くありません。 오늘은 기온이 높지 않습니다.

_____。

1
2
3
· この ゆびわは 高くありませんでした。 이 반지는 비싸지 않았습니다.

_____。

1
2
3
· チケットは 高くない。 티켓은 비싸지 않다.

_____。

1
2
3
· デパートより 高くなかった。 백화점보다 비싸지 않았다.

_____。

1
2
3
· あには せが 高くて ハンサムです。 오빠는 키가 크고 잘생겼습니다.

_____。

1
2
3
· せんげつより ねだんが 高く なりました。
지난달보다 가격이 비싸졌습니다.

_____。

たのしい 즐겁다

た	の	し	い							

해석을 보고 형용사 「たのしい」를 알맞은 형태로 활용하여 빈칸에 적어 봅시다.

- _____ じかんを すごした。
  즐거운

- ゆうえんちは _____。
  즐겁습니다

- デートは とても _____。
  즐거웠다

- りょこうは _____。
  즐거웠습니다

- いまの しごとは あまり _____。
  즐겁지 않습니다

- かのじょが いなくて _____。
  즐겁지 않았습니다

- ひとりで いっても _____。
  즐겁지 않다

- その パーティーは _____。
  즐겁지 않았다

- _____ かえりたくない。
  즐거워서

- こどもたちは そとで _____ あそんで います。
  즐겁게

새 단어

すごした 보냈다	ゆうえんち 유원지	デート 데이트
いま 지금	いっても 가도, 가더라도	
かえりたくない (집에) 돌아가고 싶지 않다		あそんで います 놀고 있습니다

楽しい 즐겁다

또박또박 세 번씩 읽고 예쁘게 따라 써 봅시다.

・楽しい じかんを すごした。 즐거운 시간을 보냈다.

・ゆうえんちは 楽しいです。 유원지는 즐겁습니다.

・デートは とても 楽しかった。 데이트는 무척 즐거웠다.

・りょこうは 楽しかったです。 여행은 즐거웠습니다.

・いまの しごとは あまり 楽しくありません。
지금 일은 그다지 즐겁지 않습니다.

・かのじょが いなくて 楽しくありませんでした。
여자친구가 없어서 즐겁지 않았습니다.

・ひとりで いっても 楽しくない。 혼자 가도 즐겁지 않다.

・その パーティーは 楽しくなかった。 그 파티는 즐겁지 않았다.

・楽しくて かえりたくない。 즐거워서 집에 돌아가고 싶지 않다.

・こどもたちは そとで 楽しく あそんで います。
아이들은 밖에서 즐겁게 놀고 있습니다.

142

ちいさい 작다

학습일 /

ちいさい

해석을 보고 형용사 「ちいさい」를 알맞은 형태로 활용하여 빈칸에 적어 봅시다.

- ＿＿＿＿＿ いぬを かって いる。
  작은

- あかちゃんの ては ＿＿＿＿＿。
  작습니다

- きのう かった ふくは サイズが ＿＿＿＿＿。
  작았다

- かわぐちさんは こえが ＿＿＿＿＿。
  작았습니다

- じこの えいきょうは ＿＿＿＿＿。
  작지 않습니다

- ひがいは ＿＿＿＿＿。
  작지 않았습니다

- この きんがくは ＿＿＿＿＿。
  작지 않다

- けさの じしんは ＿＿＿＿＿。
  작지 않았다

- その ねこは ＿＿＿＿＿ かわいいです。
  작고

- テレビの おとを ＿＿＿＿＿ して ください。
  작게

새 단어

かって いる 키우고 있다	て 손	サイズ 사이즈
えいきょう 영향	きんがく 금액	

小さい 작다
ちい

또박또박 세 번씩 읽고 예쁘게 따라 써 봅시다.

・小さい いぬを かって いる。 작은 개를 키우고 있다.
ちい

_____。

・あかちゃんの ては 小さいです。 아기 손은 작습니다.
ちい

_____。

・きのう かった ふくは サイズが 小さかった。
ちい
어제 산 옷은 사이즈가 작았다.

_____。

・かわぐちさんは こえが 小さかったです。
ちい
가와구치 씨는 목소리가 작았습니다.

_____。

・じこの えいきょうは 小さくありません。 사고 영향은 작지 않습니다.
ちい

_____。

・ひがいは 小さくありませんでした。 피해는 작지 않았습니다.
ちい

_____。

・この きんがくは 小さくない。 이 금액은 작지 않다.
ちい

_____。

・けさの じしんは 小さくなかった。 오늘 아침 지진은 작지 않았다.
ちい

_____。

・その ねこは 小さくて かわいいです。 그 고양이는 작고 귀엽습니다.
ちい

_____。

・テレビの おとを 小さく して ください。 텔레비전 소리를 작게 해 주세요.
ちい

_____。

ちかい　가깝다

| ち | か | い | | | | | | | | | |

해석을 보고 형용사 「ちかい」를 알맞은 형태로 활용하여 빈칸에 적어 봅시다.

・えきに ＿＿＿＿＿ ところに すみたい。
　　　　　　가까운

・たんじょうびが ＿＿＿＿＿＿。
　　　　　　　　　가깝습니다

・レストランは えきから とても ＿＿＿＿＿＿。
　　　　　　　　　　　　　　　　　가까웠다

・その みせは かいしゃから ＿＿＿＿＿＿。
　　　　　　　　　　　　　　　가까웠습니다

・くうこうまで そんなに ＿＿＿＿＿＿＿＿。
　　　　　　　　　　　　　가깝지 않습니다

・えきから ホテルまで ＿＿＿＿＿＿＿＿＿＿。
　　　　　　　　　　　가깝지 않았습니다

・びょういんは ここから あまり ＿＿＿＿＿＿＿。
　　　　　　　　　　　　　　　가깝지 않다

・うみまで ぜんぜん ＿＿＿＿＿＿＿＿。
　　　　　　　　　　가깝지 않았다

・スーパーが ＿＿＿＿＿ べんりです。
　　　　　　가까워서

・ひっこしてから がっこうが ＿＿＿＿＿ なりました。
　　　　　　　　　　　　　　　가깝게

🐱 새 단어

えき 역	すみたい 살고 싶다	スーパー 슈퍼
くうこう 공항	ひっこしてから 이사하고 나서	

145

近い 가깝다
ちか

또박또박 세 번씩 읽고 예쁘게 따라 써 봅시다.

1
2
3
・えきに 近い ところに すみたい。 역에 가까운 곳에 살고 싶다.
　　　ちか

_____ 。

1
2
3
・たんじょうびが 近いです。 생일이 가깝습니다.
　　　　　　　　　ちか

_____ 。

1
2
3
・レストランは えきから とても 近かった。 레스토랑은 역에서 무척 가까웠다.
　　　　　　　　　　　　　　　ちか

_____ 。

1
2
3
・その みせは かいしゃから 近かったです。
　　　　　　　　　　　　　ちか
그 가게는 회사에서 가까웠습니다.

_____ 。

1
2
3
・くうこうまで そんなに 近くありません。 공항까지 그렇게 가깝지 않습니다.
　　　　　　　　　　　ちか

_____ 。

1
2
3
・えきから ホテルまで 近くありませんでした。
　　　　　　　　　　　ちか
역에서 호텔까지 가깝지 않았습니다.

_____ 。

1
2
3
・びょういんは ここから あまり 近くない。
　　　　　　　　　　　　　　　ちか
병원은 이곳에서 그다지 가깝지 않다.

_____ 。

1
2
3
・うみまで ぜんぜん 近くなかった。 바다까지 전혀 가깝지 않았다.
　　　　　　　　ちか

_____ 。

1
2
3
・スーパーが 近くて べんりです。 슈퍼가 가까워서 편리합니다.
　　　　　　ちか

_____ 。

1
2
3
・ひっこしてから がっこうが 近く なりました。
　　　　　　　　　　　　　ちか
이사하고 나서 학교가 가까워졌습니다.

_____ 。

146

つめたい 차다, 차갑다

| つ | め | た | い | | | | | | | | | |

해석을 보고 형용사 「つめたい」를 알맞은 형태로 활용하여 빈칸에 적어 봅시다.

· ＿＿＿＿＿＿＿ コーヒーが のみたい。
　　　찬

· きょうは かぜが ＿＿＿＿＿＿＿＿。
　　　　　　　　　　찹니다

· かのじょの ては とても ＿＿＿＿＿＿＿＿。
　　　　　　　　　　　　　　차가웠다

· パーティーの りょうりは ＿＿＿＿＿＿＿＿＿。
　　　　　　　　　　　　　　　차가웠습니다

· れいぞうこの なかが ＿＿＿＿＿＿＿＿＿。
　　　　　　　　　　　　차갑지 않습니다

· むかしの かれは こんなに ＿＿＿＿＿＿＿＿＿＿。
　　　　　　　　　　　　　　　차갑지 않았습니다

· プールの みずは あまり ＿＿＿＿＿＿＿＿。
　　　　　　　　　　　　　차갑지 않다

· ビールは ＿＿＿＿＿＿＿＿。
　　　　　　차지 않았다

· アイスクリームは ＿＿＿＿＿＿ おいしい。
　　　　　　　　　　　차고

· かのじょが きゅうに ＿＿＿＿＿ なりました。
　　　　　　　　　　　　차갑게

 새 단어

こんなに 이렇게　　　　**プール** 수영장　　　　**アイスクリーム** 아이스크림

冷(つめ)たい 차다, 차갑다

또박또박 세 번씩 읽고 예쁘게 따라 써 봅시다.

1
2
3
・冷(つめ)たい コーヒーが のみたい。 찬 커피를 마시고 싶다.

_____。

1
2
3
・きょうは かぜが 冷(つめ)たいです。 오늘은 바람이 찹니다.

_____。

1
2
3
・かのじょの ては とても 冷(つめ)たかった。 그녀의 손은 무척 차가웠다.

_____。

1
2
3
・パーティーの りょうりは 冷(つめ)たかったです。 파티 요리는 차가웠습니다.

_____。

1
2
3
・れいぞうこの なかが 冷(つめ)たくありません。 냉장고 안이 차지 않습니다.

_____。

1
2
3
・むかしの かれは こんなに 冷(つめ)たくありませんでした。
옛날의 그는 이렇게 차갑지 않았습니다.

_____。

1
2
3
・プールの みずは あまり 冷(つめ)たくない。 수영장 물은 그다지 차갑지 않다.

_____。

1
2
3
・ビールは 冷(つめ)たくなかった。 맥주는 차지 않았다.

_____。

1
2
3
・アイスクリームは 冷(つめ)たくて おいしい。 아이스크림은 차고 맛있다.

_____。

1
2
3
・かのじょが きゅうに 冷(つめ)たく なりました。
여자친구가 갑자기 차가워졌습니다.

_____。

つよい 강하다, 세다

学習日 /

つ	よ	い								

해석을 보고 형용사 「つよい」를 알맞은 형태로 활용하여 빈칸에 적어 봅시다.

· ＿＿＿＿＿ ひとに なりたい。
　　　강한

· この ケータイは みずに ＿＿＿＿＿。
　　　　　　　　　　　　　강합니다

· きのうは かぜが ＿＿＿＿＿。
　　　　　　　　　　강했다

· がくせいの ときは テニスが ＿＿＿＿＿。
　　　　　　　　　　　　　　　　강했습니다

· ぶちょうは いが ＿＿＿＿＿。
　　　　　　　　　　강하지 않습니다

· むかしは ストレスに ＿＿＿＿＿。
　　　　　　　　　　　　　강하지 않았습니다

· からだが あまり ＿＿＿＿＿。
　　　　　　　　　　강하지 않다

· むかしは おさけが ＿＿＿＿＿。
　　　　　　　　　　　강하지 않았다

· かれは ＿＿＿＿＿ やさしい ひとです。
　　　　강하고

· こどもを ＿＿＿＿＿ そだてる。
　　　　　강하게

🐈 새 단어

～に (なる) ~이/가 (되다)	なりたい 되고 싶다	ぶちょう 부장(님)
こども 아이, 어린이	そだてる 키우다, 양육하다	

149

強い 강하다, 세다

또박또박 세 번씩 읽고 예쁘게 따라 써 봅시다.

・強い ひとに なりたい。 강한 사람이 되고 싶다.

_____。

・この ケータイは みずに 強いです。 이 휴대전화는 물에 강합니다.

_____。

・きのうは かぜが 強かった。 어제는 바람이 강했다.

_____。

・がくせいの ときは テニスが 強かったです。
학생 때는 테니스가 강했습니다.

_____。

・ぶちょうは いが 強くありません。 부장님은 위가 강하지 않습니다.

_____。

・むかしは ストレスに 強くありませんでした。
옛날에는 스트레스에 강하지 않았습니다.

_____。

・からだが あまり 強くない。 몸이 그다지 강하지 않다.

_____。

・むかしは おさけが 強くなかった。 옛날에는 술이 강하지 않았다.

_____。

・かれは 強くて やさしい ひとです。 그는 강하고 다정한 사람입니다.

_____。

・こどもを 強く そだてる。 아이를 강하게 키운다.

_____。

とおい 멀다

とおい

해석을 보고 형용사 「とおい」를 알맞은 형태로 활용하여 빈칸에 적어 봅시다.

・あねは ＿＿＿＿＿ くにに すんで いる。
　　　　　　　　먼

・おじいさんは みみが ＿＿＿＿＿＿＿。
　　　　　　　　　　　　　　멉니다

・バスていから ＿＿＿＿＿＿＿。
　　　　　　　　　멀었다

・くうこうまで ＿＿＿＿＿＿＿＿＿。
　　　　　　　　　멀었습니다

・いえから かいしゃまで あまり ＿＿＿＿＿＿＿＿＿＿。
　　　　　　　　　　　　　　　　　　멀지 않습니다

・みせは ここから ＿＿＿＿＿＿＿＿＿＿。
　　　　　　　　　　멀지 않았습니다

・ここから えきまでは ＿＿＿＿＿＿＿。
　　　　　　　　　　　　멀지 않다

・びょういんまでは そんなに ＿＿＿＿＿＿＿＿。
　　　　　　　　　　　　　　　멀지 않았다

・かれの いえまで ＿＿＿＿＿ つかれました。
　　　　　　　　　　멀어서

・パトカーの おとが だんだん ＿＿＿＿＿ なる。
　　　　　　　　　　　　　　멀게

새 단어

おじいさん 할아버지	みみ 귀	みみが とおい 귀가 어둡다
バスてい 버스 정류장	パトカー 순찰차	

遠い 멀다
とお

또박또박 세 번씩 읽고 예쁘게 따라 써 봅시다.

1
2
3
・あねは 遠い くにに すんで いる。 언니는 먼 나라에 살고 있다.
とお

_____ 。

1
2
3
・おじいさんは みみが 遠いです。
とお
할아버지는 귀가 어둡습니다.

TIP 「みみが とおい」는
'귀가 어둡다'라는 관용 표현입니다.

_____ 。

1
2
3
・バスていから 遠かった。 버스정류장에서 멀었다.
とお

_____ 。

1
2
3
・くうこうまで 遠かったです。 공항까지 멀었습니다.
とお

_____ 。

1
2
3
・いえから かいしゃまで あまり 遠くありません。
とお
집에서 회사까지 그다지 멀지 않습니다.

_____ 。

1
2
3
・みせは ここから 遠くありませんでした。
とお
가게는 이곳에서 멀지 않았습니다.

_____ 。

1
2
3
・ここから えきまでは 遠くない。 이곳에서 역까지는 멀지 않다.
とお

_____ 。

1
2
3
・びょういんまでは そんなに 遠くなかった。
とお
병원까지는 그렇게 멀지 않았다.

_____ 。

1
2
3
・かれの いえまで 遠くて つかれました。 그의 집까지 멀어서 지쳤습니다
とお

_____ 。

1
2
3
・パトカーの おとが だんだん 遠く なる。 순찰차 소리가 점점 멀어진다.
とお

_____ 。

ながい 길다

| な | が | い | | | | | | | | |

해석을 보고 형용사 「ながい」를 알맞은 형태로 활용하여 빈칸에 적어 봅시다.

· _____ スカートを はく。
　　　　긴

· にほんは なんぼくに _____。
　　　　　　　　　　　　　　　 깁니다

· かれの せつめいは _____。
　　　　　　　　　　　　　　길었다

· その えいがは とても _____。
　　　　　　　　　　　　　　　　길었습니다

· ことしの なつやすみは _____。
　　　　　　　　　　　　　　　　길지 않습니다

· がくせいじだいは かみが _____。
　　　　　　　　　　　　　　　　　길지 않았습니다

· その かわは _____。
　　　　　　　　길지 않다

· しゃちょうの スピーチは _____。
　　　　　　　　　　　　　　　　길지 않았다

· その モデルの あしは _____ ほそい。
　　　　　　　　　　　　　　　길고

· よるが _____ なりました。
　　　　　　길게

🐱 새 단어

スカート 치마	**はく** (하의를) 입다, (신발을) 신다	**なんぼく** 남북
~に ~으로	**かわ** 강	**しゃちょう** 사장(님)
スピーチ 연설, 스피치	**モデル** 모델	**ほそい** 얇다, 가늘다

長い 길다

또박또박 세 번씩 읽고 예쁘게 따라 써 봅시다.

1 2 3 ・長い スカートを はく。 긴 치마를 입는다.

_____ 。

1 2 3 ・にほんは なんぼくに 長いです。 일본은 남북으로 깁니다.

_____ 。

1 2 3 ・かれの せつめいは 長かった。 그의 설명은 길었다.

_____ 。

1 2 3 ・その えいがは とても 長かったです。 그 영화는 무척 길었습니다.

_____ 。

1 2 3 ・ことしの なつやすみは 長くありません。 올해 여름휴가는 길지 않습니다.

_____ 。

1 2 3 ・がくせいじだいは かみが 長くありませんでした。
학창시절에는 머리가 길지 않았습니다.

_____ 。

1 2 3 ・その かわは 長くない。 그 강은 길지 않다.

_____ 。

1 2 3 ・しゃちょうの スピーチは 長くなかった。 사장의 연설은 길지 않았다.

_____ 。

1 2 3 ・その モデルの あしは 長くて ほそい。 그 모델의 다리는 길고 얇다.

_____ 。

1 2 3 ・よるが 長く なりました。 밤이 길어졌습니다.

_____ 。

ひくい　낮다, (키가) 작다

학습일
/

ひ	く	い									

해석을 보고 형용사 「ひくい」를 알맞은 형태로 활용하여 빈칸에 적어 봅시다.

・＿＿＿＿＿＿　やまに　のぼった。
　　　　낮은

・かれは　こえが　＿＿＿＿＿＿。
　　　　　　　　　낮습니다

・わたしより　おとうとの　ほうが　せが　＿＿＿＿＿＿。
　　　　　　　　　　　　　　　　　　　　　　(키가) 작았다

・けさは　きおんが　＿＿＿＿＿＿。
　　　　　　　　　낮았습니다

・かのうせいは　＿＿＿＿＿＿。
　　　　　　　낮지 않습니다

・えいごの　レベルは　＿＿＿＿＿＿。
　　　　　　　　　　　낮지 않았습니다

・この　りょうりは　カロリーが　あまり　＿＿＿＿＿＿。
　　　　　　　　　　　　　　　　　　낮지 않다

・しけんの　てんすうは　そんなに　＿＿＿＿＿＿。
　　　　　　　　　　　　　　낮지 않았다

・あには　せが　＿＿＿＿＿＿　ふとって　います。
　　　　　　(키가) 작고

・たいおんが　＿＿＿＿＿＿　なる。
　　　　　　낮게

새 단어

のぼった 올랐다　　　～の ほうが ～(의) 쪽이　　　かのうせい 가능성
レベル 레벨, 수준　　　カロリー 칼로리　　　　　　ふとって います 뚱뚱합니다
たいおん 체온

155

低い ^{ひく} 낮다, (키가) 작다

> 또박또박 세 번씩 읽고 예쁘게 따라 써 봅시다.

- 低^{ひく}い やまに のぼった。 낮은 산에 올랐다.

_____ 。

- かれは こえが 低^{ひく}いです。 그는 목소리가 낮습니다.

_____ 。

- わたしより おとうとの ほうが せが 低^{ひく}かった。
  나보다 남동생 쪽이 키가 작았다.

_____ 。

- けさは きおんが 低^{ひく}かったです。 오늘 아침은 기온이 낮았습니다.

_____ 。

- かのうせいは 低^{ひく}くありません。 가능성은 낮지 않습니다.

_____ 。

- えいごの レベルは 低^{ひく}くありませんでした。 영어 수준은 낮지 않았습니다.

_____ 。

- この りょうりは カロリーが あまり 低^{ひく}くない。
  이 요리는 칼로리가 그다지 낮지 않다.

_____ 。

- しけんの てんすうは そんなに 低^{ひく}くなかった。
  시험 점수는 그렇게 낮지 않았다.

_____ 。

- あには せが 低^{ひく}くて ふとって います。 오빠는 키가 작고 뚱뚱합니다.

_____ 。

- たいおんが 低^{ひく} なる。 체온이 낮아진다.

_____ 。

ひろい 넓다

ひ	ろ	い										

해석을 보고 형용사 「ひろい」를 알맞은 형태로 활용하여 빈칸에 적어 봅시다.

· ＿＿＿＿＿ へやに ひっこしたい。
　　　넓은

· かのじょは こころが ＿＿＿＿＿。
　　　　　　　　　　　넓습니다

· その みせは とても ＿＿＿＿＿。
　　　　　　　　　　　넓었다

· しけんの はんいは ＿＿＿＿＿。
　　　　　　　　　　넓었습니다

· キンポくうこうは インチョンくうこうより ＿＿＿＿＿
　　　　　　　　　　　　　　　　넓지 않습니다

＿＿＿＿。

· ちゅうしゃじょうは ＿＿＿＿＿＿＿＿＿。
　　　　　　　　　넓지 않았습니다

· うちの にわは ＿＿＿＿＿。
　　　　　　　넓지 않다

· こうえんは あまり ＿＿＿＿＿。
　　　　　　　　　넓지 않았다

· うみは ＿＿＿＿ おおきい。
　　　　넓고

· だいどころが ＿＿＿＿ なりました。
　　　　　　　넓게

새 단어

ひっこしたい 이사하고 싶다	はんい 범위	キンポくうこう 김포 공항
インチョンくうこう 인천 공항	ちゅうしゃじょう 주차장	うち 집, 우리집

広い 넓다

MP3 64

또박또박 세 번씩 읽고 예쁘게 따라 써 봅시다.

・広い へやに ひっこしたい。 넓은 방으로 이사하고 싶다.

・かのじょは こころが 広いです。 그녀는 마음이 넓습니다.

・その みせは とても 広かった。 그 가게는 무척 넓었다.

・しけんの はんいは 広かったです。 시험 범위는 넓었습니다.

・キンポくうこうは インチョンくうこうより 広くありません。
김포 공항은 인천 공항보다 넓지 않습니다

・ちゅうしゃじょうは 広くありませんでした。 주차장은 넓지 않았습니다.

・うちの にわは 広くない。 우리집 마당은 넓지 않다.

・こうえんは あまり 広くなかった。 공원은 그다지 넓지 않았다.

・うみは 広くて おおきい。 바다는 넓고 크다.

・だいどころが 広く なりました。 부엌이 넓어졌습니다.

158

ふるい 낡다, 오래되다

ふるい											

해석을 보고 형용사 「ふるい」를 알맞은 형태로 활용하여 빈칸에 적어 봅시다.

- ＿＿＿＿＿ しゃしんを みつけた。
  오래된

- この とけいは ＿＿＿＿＿。
  낡습니다

- その じょうほうは もう ＿＿＿＿＿。
  낡았다

- としょかんに ある ほんは どれも ＿＿＿＿＿。
  낡았습니다

- かれの くるまは ＿＿＿＿＿。
  낡지 않습니다

- ちゅうこの ケータイは そんなに ＿＿＿＿＿
  낡지 않았습니다
  ＿＿＿＿＿。

- この くつは まだ ＿＿＿＿＿。
  낡지 않다

- ともだちに もらった ふくは ぜんぜん ＿＿＿＿＿。
  낡지 않았다

- その ちかてつは ＿＿＿＿＿ きたない。
  낡고

- りゅうこうは すぐ ＿＿＿＿＿ なる。
  낡게

새 단어

みつけた 발견했다, 찾았다	**とけい** 시계	**もう** 이미
どれも 어느 것도	**ちゅうこ** 중고	**ちかてつ** 지하철
きたない 더럽다	**りゅうこう** 유행	

古い ^{ふる} 낡다, 오래되다

또박또박 세 번씩 읽고 예쁘게 따라 써 봅시다.

・古い しゃしんを みつけた。 오래된 사진을 발견했다.

_____。

・この とけいは 古いです。 이 시계는 구식입니다.

_____。

・その じょうほうは もう 古かった。 그 정보는 이미 낡았다.

_____。

・としょかんに ある ほんは どれも 古かったです。
도서관에 있는 책은 모두 낡았습니다.

_____。

・かれの くるまは 古くありません。 그의 차는 낡지 않습니다.

_____。

・ちゅうこの ケータイは そんなに 古くありませんでした。
중고 휴대전화는 그다지 낡지 않았습니다.

_____。

・この くつは まだ 古くない。 이 구두는 아직 낡지 않다.

_____。

・ともだちに もらった ふくは ぜんぜん 古くなかった。
친구에게 받은 옷은 전혀 낡지 않았다.

_____。

・その ちかてつは 古くて きたない。 그 지하철은 낡고 더럽다.

_____。

・りゅうこうは すぐ 古く なる。 유행은 금방 낡아진다.

_____。

みじかい 짧다

み	じ	か	い								

해석을 보고 형용사 「みじかい」를 알맞은 형태로 활용하여 빈칸에 적어 봅시다.

· ＿＿＿＿＿＿ てがみを もらった。
　　　짧은

· じんせいは ＿＿＿＿＿＿＿。
　　　　　　　　짧습니다

· きょうの かいぎは ＿＿＿＿＿＿＿。
　　　　　　　　　　　짧았다

· しゃちょうの あいさつは ＿＿＿＿＿＿＿＿。
　　　　　　　　　　　　　　짧았습니다

· わたしの かみは ＿＿＿＿＿＿＿＿。
　　　　　　　　　　짧지 않습니다

· そこまでの きょりは ＿＿＿＿＿＿＿＿＿。
　　　　　　　　　　　　짧지 않았습니다

· かのじょの つめは ＿＿＿＿＿＿＿。
　　　　　　　　　　　짧지 않다

· ことしの なつやすみは ＿＿＿＿＿＿＿＿＿。
　　　　　　　　　　　　　짧지 않았다

· かれの せつめいは ＿＿＿＿＿＿ わかりやすい。
　　　　　　　　　　　짧아서

· かみを ＿＿＿＿ きりました。
　　　　　짧게

새 단어

じんせい 인생	かいぎ 회의	あいさつ 인사, 인사말
きょり 거리	つめ 손톱	わかりやすい 이해하기 쉽다
きりました 잘랐습니다		

短い 짧다
みじか

또박또박 세 번씩 읽고 예쁘게 따라 써 봅시다.

1 2 3
・短い てがみを もらった。 짧은 편지를 받았다.
みじか

_____ 。

1 2 3
・じんせいは 短いです。 인생은 짧습니다.
みじか

_____ 。

1 2 3
・きょうの かいぎは 短かった。 오늘 회의는 짧았다.
みじか

_____ 。

1 2 3
・しゃちょうの あいさつは 短かったです。 사장님의 인사말은 짧았습니다.
みじか

_____ 。

1 2 3
・わたしの かみは 短くありません。 내 머리카락은 짧지 않습니다.
みじか

_____ 。

1 2 3
・そこまでの きょりは 短くありませんでした。
みじか
거기까지의 거리는 짧지 않았습니다.

_____ 。

1 2 3
・かのじょの つめは 短くない。 그녀의 손톱은 짧지 않다.
みじか

_____ 。

1 2 3
・ことしの なつやすみは 短くなかった。 올해 여름휴가는 짧지 않았다.
みじか

_____ 。

1 2 3
・かれの せつめいは 短くて わかりやすい。
みじか
그의 설명은 짧아서 이해하기 쉽다.

_____ 。

1 2 3
・かみを 短く きりました。 머리카락을 짧게 잘랐습니다.
みじか

_____ 。

むずかしい 어렵다

| む | ず | か | し | い | | | | | | | |

해석을 보고 형용사 「むずかしい」를 알맞은 형태로 활용하여 빈칸에 적어 봅시다.

- _____ しつもんです。
  어려운

- ちゅうごくごの べんきょうは _____。
  어렵습니다

- しけんは _____。
  어려웠다

- せつめいが _____。
  어려웠습니다

- その ほんは ぜんぜん _____。
  어렵지 않습니다

- あたらしい ゲームは _____。
  어렵지 않았습니다

- きょうの しゅくだいは _____。
  어렵지 않다

- はつおんは _____。
  어렵지 않았다

- その もんだいは _____、わたしには むりです。
  어려워서

- じゅぎょうが だんだん _____ なる。
  어렵게

 새 단어

| しつもん 질문 | ちゅうごくご 중국어 | はつおん 발음 |
| むり 무리 | | |

難しい 어렵다
<small>むずか</small>

또박또박 세 번씩 읽고 예쁘게 따라 써 봅시다.

・難しい しつもんです。 어려운 질문입니다.
_____ 。

・ちゅうごくごの べんきょうは 難しいです。 중국어 공부는 어렵습니다.
_____ 。

・しけんは 難しかった。 시험은 어려웠다.
_____ 。

・せつめいが 難しかったです。 설명이 어려웠습니다.
_____ 。

・その ほんは ぜんぜん 難しくありません。 그 책은 전혀 어렵지 않습니다.
_____ 。

・あたらしい ゲームは 難しくありませんでした。
새 게임은 어렵지 않았습니다.
_____ 。

・きょうの しゅくだいは 難しくない。 오늘 숙제는 어렵지 않다.
_____ 。

・はつおんは 難しくなかった。 발음은 어렵지 않았다.
_____ 。

・その もんだいは 難しくて、わたしには むりです。
그 문제는 어려워서 내게는 무리입니다.
_____ 。

・じゅぎょうが だんだん 難しく なる。 수업이 점점 어려워진다.
_____ 。

やさしい 상냥하다 / 쉽다

や	さ	し	い										

해석을 보고 형용사 「やさしい」를 알맞은 형태로 활용하여 빈칸에 적어 봅시다.

· はまださんは ＿＿＿＿＿＿ ひとです。
　　　　　　　　상냥한

· ははは いつも ＿＿＿＿＿＿＿＿。
　　　　　　　　　상냥합니다

· むかしは かれも ＿＿＿＿＿＿＿＿。
　　　　　　　　　　상냥했다

· この ぶんしょうは ＿＿＿＿＿＿＿＿＿＿＿＿。
　　　　　　　　　　　　쉬웠습니다

· あには あまり ＿＿＿＿＿＿＿＿＿＿。
　　　　　　　　　상냥하지 않습니다

· しけんは ＿＿＿＿＿＿＿＿＿＿＿＿＿＿。
　　　　　　쉽지 않았습니다

· その もんだいは ＿＿＿＿＿＿＿＿＿＿。
　　　　　　　　　　쉽지 않다

· となりの いえの おじさんは むかしから ＿＿＿＿＿＿＿＿＿＿＿＿。
　　　　　　　　　　　　　　　　　　　　　상냥하지 않았다

· もりさんは ＿＿＿＿＿＿ まじめな ひとです。
　　　　　　　　상냥하고

· こどもが うまれて かれは ＿＿＿＿＿＿ なりました。
　　　　　　　　　　　　　　　상냥하게

 새 단어

ぶんしょう 글　　　　　うまれて 태어나고, 태어나서

優^{やさ}しい 상냥하다 易^{やさ}しい 쉽다

또박또박 세 번씩 읽고 예쁘게 따라 써 봅시다.

・はまださんは 優^{やさ}しい ひとです。 하마다 씨는 상냥한 사람입니다.

_____ 。

・ははは いつも 優^{やさ}しいです。 엄마는 언제나 상냥합니다

_____ 。

・むかしは かれも 優^{やさ}しかった。 옛날에는 그도 상냥했다.

_____ 。

・この ぶんしょうは 易^{やさ}しかったです。 이 글은 쉬웠습니다.

_____ 。

・あには あまり 優^{やさ}しくありません。 오빠는 그다지 상냥하지 않습니다.

_____ 。

・しけんは 易^{やさ}しくありませんでした。 시험은 쉽지 않았습니다.

_____ 。

・その もんだいは 易^{やさ}しくない。 그 문제는 쉽지 않다.

_____ 。

・となりの いえの おじさんは むかしから 優^{やさ}しくなかった。
옆집 아저씨는 옛날부터 상냥하지 않았다

_____ 。

・もりさんは 優^{やさ}しくて まじめな ひとです。
모리 씨는 상냥하고 성실한 사람입니다.

_____ 。

・こどもが うまれて かれは 優^{やさ}しく なりました。
아이가 태어나고 그는 다정해졌습니다.

_____ 。

やすい 싸다, 저렴하다

や	す	い												

해석을 보고 형용사 「やすい」를 알맞은 형태로 활용하여 빈칸에 적어 봅시다.

- ______ チケットを かう。
  싼
- かんこくの こうつうひは ______。
  쌉니다
- ちゅうこなので ______。
  쌌다
- きのうよりも ______。
  쌌습니다
- セールなのに ______。
  싸지 않습니다
- その ホテルは ______。
  싸지 않았습니다
- あたらしい スマホは ______。
  싸지 않다
- その テレビは まだ ______。
  싸지 않았다
- この みせの ワイン는 ______ おいしい。
  싸고
- できるだけ ______ かいたいです。
  싸게

새 단어

かう 사다　こうつうひ 교통비　ワイン 와인
できるだけ 가능한 한, 가급적

安い やす 싸다, 저렴하다

또박또박 세 번씩 읽고 예쁘게 따라 써 봅시다.

1
2
3
・安い チケットを かう。 싼 티켓을 산다.
_____。

1
2
3
・かんこくの こうつうひは 安いです。 한국 교통비는 쌉니다.
_____。

1
2
3
・ちゅうこなので 安かった。 중고라서 쌌다.
_____。

1
2
3
・きのうよりも 安かったです。 어제보다도 쌌습니다.
_____。

1
2
3
・セールなのに 安くありません。 세일인데도 싸지 않습니다.
_____。

1
2
3
・その ホテルは 安くありませんでした。 그 호텔은 싸지 않았습니다.
_____。

1
2
3
・あたらしい スマホは 安くない。 새 스마트폰은 싸지 않다.
_____。

1
2
3
・その テレビは まだ 安くなかった。 그 텔레비전은 아직 싸지 않았다.
_____。

1
2
3
・この みせの ワインは 安くて おいしい。
이 가게의 와인은 싸고 맛있다.
_____。

1
2
3
・できるだけ 安く かいたいです。 가능한 한 싸게 사고 싶습니다.
_____。

よわい 약하다

よ	わ	い								

해석을 보고 형용사 「よわい」를 알맞은 형태로 활용하여 빈칸에 적어 봅시다.

・いもうとは からだが ＿＿＿＿＿ こどもでした。
　　　　　　　　　　　　　약한

・さむさに ＿＿＿＿＿。
　　　　　　　　약합니다

・この チームは むかしは ＿＿＿＿＿＿。
　　　　　　　　　　　　　　약했다

・がくせいの ときは あさが ＿＿＿＿＿＿＿。
　　　　　　　　　　　　　　　약했습니다

・ひとは そんなに ＿＿＿＿＿＿＿＿。
　　　　　　　　　　　약하지 않습니다

・その ひかりは ＿＿＿＿＿＿＿＿＿＿。
　　　　　　　　　　약하지 않았습니다

・この おさけは ＿＿＿＿＿＿。
　　　　　　　　　약하지 않다

・むかしは そんなに ＿＿＿＿＿＿＿。
　　　　　　　　　　　약하지 않았다

・ちからが ＿＿＿＿＿ あけられない。
　　　　　　　약해서

・としを とって ちからが ＿＿＿＿ なりました。
　　　　　　　　　　　　　　약하게

새 단어

さむさ 추위	ひかり 빛	ちから 힘
あけられない 못 연다	としを とって 나이를 먹고, 나이를 먹어서	

弱い 약하다

<ruby>弱<rt>よわ</rt></ruby>い

또박또박 세 번씩 읽고 예쁘게 따라 써 봅시다.

· いもうとは からだが <ruby>弱<rt>よわ</rt></ruby>い こどもでした。
여동생은 몸이 약한 아이였습니다.

_____。

· さむさに <ruby>弱<rt>よわ</rt></ruby>いです。 추위에 약합니다.

_____。

· この チームは むかしは <ruby>弱<rt>よわ</rt></ruby>かった。 이 팀은 옛날에는 약했다.

_____。

· がくせいの ときは あさが <ruby>弱<rt>よわ</rt></ruby>かったです。 학창시절에는 아침이 약했습니다.

_____。

· ひとは そんなに <ruby>弱<rt>よわ</rt></ruby>くありません。 사람은 그렇게 약하지 않습니다.

_____。

· その ひかりは <ruby>弱<rt>よわ</rt></ruby>くありませんでした。 그 빛은 약하지 않았습니다.

_____。

· この おさけは <ruby>弱<rt>よわ</rt></ruby>くない。 이 술은 약하지 않다.

_____。

· むかしは そんなに <ruby>弱<rt>よわ</rt></ruby>くなかった。 옛날에는 그렇게 약하지 않았다.

_____。

· ちからが <ruby>弱<rt>よわ</rt></ruby>くて あけられない。 힘이 약해서 못 연다.

_____。

· としを とって ちからが <ruby>弱<rt>よわ</rt></ruby>く なりました。
나이를 먹고 힘이 약해졌습니다.

_____。

わるい 나쁘다

わ	る	い										

해석을 보고 형용사 「わるい」를 알맞은 형태로 활용하여 빈칸에 적어 봅시다.

· ＿＿＿＿ ひとに あった。
　　나쁜

· ちちは めが ＿＿＿＿＿。
　　　　　　　나쁩니다

· きのうは うんが ＿＿＿＿＿。
　　　　　　　　나빴다

· かのじょは きげんが ＿＿＿＿＿。
　　　　　　　　　　나빴습니다

· ともだちは ＿＿＿＿＿＿。
　　　　　　나쁘지 않습니다

· その みせの あじは ＿＿＿＿＿＿。
　　　　　　　　　　나쁘지 않았습니다

· わたしは ＿＿＿＿＿。
　　　　　나쁘지 않다

· てんきは そんなに ＿＿＿＿＿。
　　　　　　　　　나쁘지 않았다

· ぐあいが ＿＿＿＿ いちにちじゅう ねて いました。
　　　　　나빠서

· かんけいが ＿＿＿＿ なる。
　　　　　　나쁘게

새 단어

あった 만났다	うん 운	きげん 기분
ねて いました 자고 있었습니다	かんけい 관계	

悪い _{わる} 나쁘다

또박또박 세 번씩 읽고 예쁘게 따라 써 봅시다.

- 悪い ひとに あった。 나쁜 사람을 만났다.

_____ 。

- ちちは めが 悪いです。 아빠는 눈이 나쁩니다.

_____ 。

- きのうは うんが 悪かった。 어제는 운이 나빴다.

_____ 。

- かのじょは きげんが 悪かったです。 그녀는 기분이 나빴습니다.

_____ 。

- ともだちは 悪くありません。 친구는 나쁘지 않습니다.

_____ 。

- その みせの あじは 悪くありませんでした。
  그 가게의 맛은 나쁘지 않았습니다.

_____ 。

- わたしは 悪くない。 나는 나쁘지 않다.

_____ 。

- てんきは そんなに 悪くなかった。 날씨는 그렇게 나쁘지 않았다.

_____ 。

- ぐあいが 悪くて いちにちじゅう ねて いました。
  몸 상태가 나빠서 하루종일 자고 있었습니다.

_____ 。

- かんけいが 悪く なる。 관계가 나빠진다.

_____ 。

부록
***

한눈에 보는 명사 활용표

한눈에 보는 형용사 활용표

한눈에 보는 단어

MINI TEST 모범답안

한눈에 보는 명사 활용표

명사	がくせい _{학생}

～です
～입니다
(현재 긍정 정중 표현)

がくせいです
학생입니다

～でした
～이었습니다
(과거 긍정 정중 표현)

がくせいでした
학생이었습니다

～だった
～이었다
(과거 긍정 표현)

がくせいだった
학생이었다

～じゃありません
～이/가 아닙니다
(현재 부정 정중 표현)

がくせいじゃありません
학생이 아닙니다

～じゃありませんでした
～이/가 아니었습니다
(과거 부정 정중 표현)

がくせいじゃありませんでした
학생이 아니었습니다

～じゃない
～이/가 아니다
(현재 부정 표현)

がくせいじゃない
학생이 아니다

～じゃなかった
～이/가 아니었다
(과거 부정 표현)

がくせいじゃなかった
학생이 아니었다

같이 알아두면 좋은 명사에 붙는 기초 조사들

01 ～は ～은/는

わたしは かんこくじんです。 나는 한국인입니다.

02 ～が

① 이/가

としが おなじです。 나이가 같습니다.

② 을/를

やさいが きらいだった。 채소를 싫어했다.

> **TIP** 목적어에 が가 붙는 형용사들:
> すきだ 좋아하다 きらいだ 싫어하다
> じょうずだ 잘하다, 능숙하다 へただ 못하다, 서투르다
> とくいだ 잘하다, 자신 있다 にがてだ 못하다, 자신 없다

03 ～も ～도

あしたも あめです。 내일도 비입니다.

04 ～を ～을/를

ゆびわを もりました。 반지를 받았습니다.

05 ～に

① ～에

その どうぶつえんに(は) かわいい パンダが います。 그 동물원에(는) 귀여운 판다가 있습니다.

② ～에게, ～한테

おとしよりに(は) しんせつに しましょう。 어르신에게(는) 친절하게 합시다.

06 ～と ～와/과

せんせいは ちちと おなじ なまえだ。 선생님은 아빠와 같은 이름이다.

07 ～で ～에서

しずかな ばしょで べんきょうしたい。 조용한 장소에서 공부하고 싶다.

08 ～へ ～에, ～으로

そこへ いくのは かんたんじゃありませんでした。 그곳에 가는 것은 쉽지 않았습니다.

09 ～の ～의

テストは せんしゅうの かようびでした。 테스트는 지난주 화요일이었습니다.

10 ～から ～まで ～부터/에서 ～까지

じゅうじから にじまで じゅぎょうでした。 열 시부터 두 시까지 수업이었습니다.

11 ～か ～까?

きらいな たべものは なんですか。 싫어하는 음식은 무엇입니까?

な형용사	**まじめだ** 성실하다	**おなじだ** 같다
～な ～(한) (명사 수식형)	まじめな 성실한	おなじ 같은
～です ～(합)니다 (현재 긍정 정중 표현)	まじめです 성실합니다	おなじです 같습니다
～だった ～(했)다 (과거 긍정 표현)	まじめだった 성실했다	おなじだった 같았다
～でした ～(했)습니다 (과거 긍정 정중 표현)	まじめでした 성실했습니다	おなじでした 같았습니다
～じゃありません ～(하)지 않습니다 (현재 부정 정중 표현)	まじめじゃ ありません 성실하지 않습니다	おなじじゃ ありません 같지 않습니다
～じゃありませんでした ～(하)지 않았습니다 (과거 부정 정중 표현)	まじめじゃ ありませんでした 성실하지 않았습니다	おなじじゃ ありませんでした 같지 않았습니다
～じゃない ～(하)지 않다 (현재 부정 표현)	まじめじゃない 성실하지 않다	おなじじゃない 같지 않다
～じゃなかった ～(하)지 않았다 (과거 부정 표현)	まじめじゃなかった 성실하지 않았다	おなじじゃなかった 같지 않았다

い형용사	おいしい 맛있다	いい・よい 좋다

~い ~(한) (명사 수식형)	おいしい 맛있는	いい・よい 좋은
~です ~입니다 (현재 긍정 정중 표현)	おいしいです 맛있습니다	いいです・よいです 좋습니다
~かった ~(했)다 (과거 긍정 표현)	おいしかった 맛있었다	よかった 좋았다
~かったです ~(했)습니다 (과거 긍정 정중 표현)	おいしかったです 맛있었습니다	よかったです 좋았습니다
~くありません ~(하)지 않습니다 (현재 부정 정중 표현)	おいしくありません 맛있지 않습니다	よくありません 좋지 않습니다
~くありませんでした ~(하)지 않았습니다 (과거 부정 정중 표현)	おいしく ありませんでした 맛있지 않았습니다	よく ありませんでした 좋지 않았습니다
~くない ~(하)지 않다 (현재 부정 표현)	おいしくない 맛있지 않다	よくない 좋지 않다
~くなかった ~(하)지 않았다 (과거 부정 표현)	おいしくなかった 맛있지 않다	よくなかった 좋지 않다

한눈에 보는 단어

179

さ

は

ら

わ

MINI TEST 모범 답안

な형용사 기초 활용법 p.30

1 명사 수식형

① すきな

② ふくざつな

③ しあわせな

④ げんきな

⑤ すてきな

⑥ はでな

⑦ ハンサムな

⑧ あんぜんな

⑨ ほがらかな

⑩ シンプルな

2 です・でした・だった

❶ ① すきです　　すきでした

② ふあんです　　ふあんでした

③ しあわせです　　しあわせでした

④ げんきです　　げんきでした

⑤ すてきです　　すてきでした

⑥ はでです　　はででした

⑦ たいくつです　　たいくつでした

⑧ じみです　　じみでした

⑨ ほがらかです　　ほがらかでした

⑩ シンプルです　　シンプルでした

❷ ① すきだった

② とくいだった

③ にがてだった

④ あんぜんだった

⑤ すてきだった

⑥ だめだった

⑦ ハンサムだった

⑧ おしゃれだった

⑨ シンプルだった

⑩ スマートだった

3 じゃありません・じゃありませんでした

❶ ① すきじゃありません

② ふあんじゃありません

③ シンプルじゃありません

④ じみじゃありません

⑤ すてきじゃありません

⑥ はでじゃありません

⑦ たいくつじゃありません

⑧ げんきじゃありません

⑨ ふくざつじゃありません

⑩ しあわせじゃありません

❷ ① すきじゃありませんでした

② とくいじゃありませんでした

③ にがてじゃありませんでした

④ あんぜんじゃありませんでした

⑤ すてきじゃありませんでいした

⑥ げんきじゃありませんでした

⑦ たいくつじゃありませんでした

⑧ はでじゃありませんでした

⑨ ハンサムじゃありませんでした

⑩ おしゃれじゃありませんでした

4 じゃない・じゃなかった

① すきじゃない　　すきじゃなかった

② はでじゃない　　はでじゃなかった

③ しあわせじゃない　　しあわせじゃなかった

④ げんきじゃない　　げんきじゃなかった

⑤ あんぜんじゃない　　あんぜんじゃなかった

⑥ ふあんじゃない　　ふあんじゃなかった

⑦ たいくつじゃない　　たいくつじゃなかった

⑧ ハンサムじゃない　　ハンサムじゃなかった

⑨ すてきじゃない　　すてきじゃなかった

⑩ じみじゃない　　じみじゃなかった

5 で・に

① すきで　　すきに

② ふくざつで　　ふくざつに

③ しあわせで　　しあわせに

④ げんきで　　げんきに

⑤ ふあんで　　ふあんに

⑥ たいくつで　　たいくつに

⑦ あんぜんで　　あんぜんに

⑧ シンプルで　　シンプルに

⑨ すてきで　　すてきに

⑩ ハンサムで　　ハンサムに

い형용사 기초 활용법　　　　p.82

2 です

① かわいいです

② うるさいです

③ あさいです

④ うつくしいです

⑤ つまらないです

⑥ すっぱいです

⑦ おそいです

⑧ はやいです

⑨ むしあついです

⑩ すばらしいです

3 かった・かったです

① かわいかった　　かわいかったです

② ふかかった　　ふかかったです

③ こわかった　　こわかったです

④ あさかった　　あさかったです

⑤ まずかった　　まずかったです

⑥ すごかった　　すごかったです

⑦ つらかった　　つらかったです

⑧ ふとかった　　ふとかったです

⑨ ほそかった　　ほそかったです

⑩ きたなかった　　きたなかったです

4 くありません・くありませんでした

❶ ① かわいくありません

② うるさくありません

③ ちかくありません

④ うつくしくありません

⑤ つまらなくありません

⑥ すっぱくありません

⑦ おそくありません

⑧ はやくありません

⑨ しろくありません

⑩ くろくありません

❷ ① かわいくありませんでした

② むしあつくありませんでした

③ こわくありませんでした

④ すばらしくありませんでした

⑤ まずくありませんでした

⑥ すごくありませんでした

⑦ きたなくありませんでした

⑧ ふとくありませんでした

⑨ ほそくありませんでした

⑩ あおくありませんでした

5 くない・くなかった

① かわいくない　　かわいくなかった

② うるさくない　　うるさくなかった

③ ちかくない　　ちかくなかった

④ うつくしくない　　うつくしくなかった

⑤ ふかくない　　ふかくなかった
⑥ きたなくない　　きたなくなかった
⑦ おそくない　　おそくなかった
⑧ はやくない　　はやくなかった
⑨ しろくない　　しろくなかった
⑩ くろくない　　くろくなかった

6 くて・く

① かわいくて　　かわいく
② うるさくて　　うるさく
③ ちかくて　　ちかく
④ うつくしくて　　うつくしく
⑤ つまらなくて　　つまらなく
⑥ すごくて　　すごく
⑦ おそくて　　おそく
⑧ くろくて　　くろく
⑨ しろくて　　しろく
⑩ あおくて　　あおく

일단 써보자!
일본어 명사 형용사 기초 활용 연습장

지은이 다나카 미유키, 다락원 출판부
펴낸이 정규도
펴낸곳 (주)다락원

초판 1쇄 발행 2019년 9월 23일
초판 3쇄 발행 2024년 1월 2일

책임편집 한누리, 송화록
디자인 장미연, 이승현

다락원 경기도 파주시 문발로 211
내용문의: (02)736-2031 내선 460~465
구입문의: (02)736-2031 내선 250~252
Fax: (02)732-2037
출판등록 1977년 9월 16일 제406-2008-000007호

ISBN 978-89-277-1215-2 13730

http://www.darakwon.co.kr

- 다락원 홈페이지에서 「일단 써보자! 일본어 명사 형용사 기초 활용 연습장」을
  검색하시거나 표지의 QR코드를 스캔하시면 학습에 필요한 자료를 이용하실
  수 있습니다.